「いじめに対応できる学校」づくり

法令だけではわからない子どもを守る実務ノウハウ

千葉大学教授・千葉大学教育学部附属中学校長

藤川 大祐 [著]

ぎょうせい

はじめに

◆ ◆ ◆

　学校運営において、いじめへの対応は非常に重要なことの一つです。

　2013年、いじめ防止対策推進法が成立し、施行されました。いじめの問題は過去に繰り返し問題となってきましたが、2011年に滋賀県大津市の中学生が亡くなった事件に関して、学校や教育委員会等の対応に深刻な問題があったことが明らかになったことが契機となり、それまでより踏み込んだいじめ防止対策が検討され、議員立法で法律が制定されるに至ったものです。

　この法律ができたことを受け、国でも地方自治体でも、いじめ防止基本方針の策定やいじめ防止対策のための組織の整備が進められました。

　私は教育方法学を専門とし、小中高校などの授業づくりに関わる研究を進めてきた研究者です。いじめの問題は一見、授業づくりとの関連が薄いように思われるかもしれません。しかし、私は多様性が尊重される授業のあり方に関心をもって研究を行ってきたことから、多様性を尊重されない授業がいじめに結びつきやすいという点でいじめ問題にずっと関心を抱いてきました。また、メディアに関する教育にずっと関わっており、携帯電話やスマートフォンが使われるネットいじめを防止する教材作成を行ってきたという点でも、いじめの問題に関わってきました。こうした経緯もあり、私は文部科学省が設置した国のいじめ防止基本方針検討の会議の委員をさせていただきましたし、

いくつかの自治体でいじめ調査等にあたる組織の委員をつとめてきました。また、2018年から千葉大学教育学部附属中学校の校長併任となり、校長としてもいじめ防止対策に取り組んでいます。

　本書は、いじめ防止対策推進法が施行されて10年近くが経過した現在、どうすればいじめの問題にしっかりと対応できる学校組織が作れるかについて、具体的な実務のノウハウをまとめたものです。

　前半の「基本編」では、いじめ防止対策推進法施行以降のいじめ対応をどのように進めればよいかを、単なる法令の解説ということでなく、現実に問題になっている点やいじめに関する最新の状況を踏まえて論じています。

　後半の「実践編」では、実際のいじめ対応で生じる悩ましい問題を事例として取り上げ、問題をどのように考えてどのように対応したらよいかを具体的に論じています。

　そして、本書の最後に、「おわりに」として、いじめ対応の実務について考えてきたことを踏まえ、今後いじめ防止対策推進法の改正を検討する際に注目すべき論点を整理しました。

　本書は主に、いじめ対応を担う学校の校長、副校長・教頭、生徒指導主事、学年主任、学級担任の方等に向けて書かせていただきました。しかし、そうした方々だけでなく、教育行政関係の方々、保護者の方をはじめ、いじめ問題に関心をお持ちの方に広く読んでいただき、全国の学校が適切にいじめに対応できるようになるために役立てていただけることを願っています。

　2021年5月

　　　　　　　　　　　　　　　　　　　　藤川　大祐

目　次

基本編 ・◆・ 「いじめに対応できる学校」とは？

実践編 ・◆・ いじめ Case Study

相手に殴りかかろうとして周囲がなんとか止める状況が頻発しています。

基本編

◆ ◆ ◆

「いじめに対応できる学校」とは？

いじめ防止対策推進法施行後の
いじめ防止対策とは

　2013年、いじめ防止対策推進法が成立し、施行されました。

　この法律ができた背景には、繰り返されてきたいじめの深刻な被害があります。特に2011年に滋賀県大津市の中学生が亡くなった事案では学校や教育委員会等の問題ある対応が注目され、こうした悲劇を繰り返さないようにしようという気運が高まり、法律の制定に至りました。

　いじめ防止対策推進法ができて以降、学校のいじめ対応はこの法律に則って進められなければならなくなったはずです。しかし、同法が施行されて以降も、学校や教育委員会が同法の規定や趣旨に沿ったいじめ対応をせず、問題になった事案が多く見られます。当然ですが、学校や教育委員会のこうした対応は、被害者やその保護者に新たな苦痛を与えるものであり、許されるものではありません。

　どのような対応をすれば、いじめ防止対策推進法に則った対応となるのかについては、理解がなされていない面がありますし、法の規定に検討の余地がある点も見られます。

　本章では、いじめ防止対策推進法施行以降、同法をはじめとする法令等に則ったいじめ対応の実務がどのようなものなのかをお示ししていきます。

1 ● いじめ防止対策推進法とは何か

● 組織的・計画的ないじめ対応が求められる

2013年に**いじめ防止対策推進法**が制定され、施行されました。現在のいじめ対応は、このいじめ防止対策推進法に則って行うことが求められます。

いじめ防止対策推進法は何を定めている法律でしょうか。もちろんいじめ対応についてさまざまなことを定めている法律なのですが、学校運営に関することを端的に言えば、学校や教育委員会等に対して、**組織的・計画的ないじめ対応**が求められることを定めている法律だと言えます。

いじめ防止対策推進法第8条は、次のように学校及び教職員の責務を定めています。

（学校及び学校の教職員の責務）

第8条　学校及び学校の教職員は、基本理念にのっとり、当該学校に在籍する児童等の保護者、地域住民、児童相談所その他の関係者との連携を図りつつ、学校全体でいじめの防止及び早期発見に取り組むとともに、当該学校に在籍する児童等がいじめを受けていると思われるときは、適切かつ迅速にこれに対処する責務を有する。

ここでは、①いじめの防止、②早期発見、③いじめへの対処の三つの局面に関して、「学校全体」で対応する責務があることが定められています。そして、こうした対応に関しては、第13条で定められているように、**学校いじめ防止基本方針**を定めなければならないこととなっています。なお、学校いじめ防止基本方針の策定にあたっては、**国のいじめ**

防止基本方針や**地方のいじめ防止基本方針**を参酌することとなっています。

　そして、いじめ防止対策推進法第22条では、学校に、**いじめの防止等のための組織（いじめ対策組織）**を設けることが定められています。

　以上のように、学校は方針を定め、対策組織を設置し、「学校全体」でいじめの防止、早期発見、いじめへの対処を行わなければなりません。

　なお、こうしたいじめ対応にあたっては、いわゆる**ネットいじめ**に関する対策も必要です。いじめ防止対策推進法では、わざわざ第19条という独立した条文が設けられて、学校や教育委員会等の学校設置者がネットいじめを防止し、効果的に対処できるよう、児童生徒や保護者に対して必要な啓発活動を行うことを定めています。

　当初は方針が策定されていない学校や組織を設置していない学校があることが問題となっていましたが、現状ではほぼすべての学校で方針が策定され組織が設置されています。しかし、方針や組織があればそれで十分ということにはなりません。問題は、方針や組織がきちんと機能して「学校全体」でいじめへの対応ができているかという点にあります。立派な方針や組織があっても、うまく機能していないのであれば、いじめにしっかりと対応することはできません。実際、深刻化した事例では、方針や組織がほぼ機能せず、教員にいじめを相談しても学校が効果的に対処することができず、被害が深刻化している状況が見られます。

　「学校全体」での対応ができているかどうかは、校長の態度に象徴的に表れるものと考えられます。「学校全体」で対応ができている学校であれば、児童生徒がいじめ被害に遭っていると思われる状況において、校長が当該児童生徒のことを心配し、校内でどのような役割分担で問題に対処しようとしているかを具体的に説明できるはずです。逆に、「学校全体」での対応ができていない学校では、いじめの問題に対して校長が他人事のような態度をとっているはずです。

● いじめ防止対策推進法と関連する方針・ガイドライン等

　ただし、学校でいじめへの対応を進める際に確認する必要があるのは、いじめ防止対策推進法だけではないことに注意が必要です。代表的なものとして、以下の方針やガイドラインについても確認が必要です。

・**文部科学省が定めた「いじめの防止等のための基本的な方針」**（2017年3月14日改定、以下では「国のいじめ防止基本方針」とします）

　上でも少し触れた、国のいじめ防止基本方針であり、2013年に策定され、2017年に改定されました。教育委員会や学校においては、この国の基本方針を参酌することが義務付けられています。

・**都道府県や市町村が定めた地方いじめ防止基本方針及び関連条例**

　上記の国の基本方針を参酌し、地方においていじめ防止基本方針が定められています。学校には学校所在地の地方いじめ防止基本方針を参酌することが義務付けられています。また、いじめ防止対策について条例を定めている地方自治体も多く見られます。当然ながら、学校は所在地の条例に従う必要があります。

・**文部科学省が定めた「いじめの重大事態の調査に関するガイドライン」**（2017年3月）

　いじめ防止対策推進法の規定に基づいて、文部科学省が制定したガイドラインです。後述のいじめ重大事態の調査において、このガイドラインに従うことが求められます。

　他に、文部科学省が2020年に出した『**いじめ対策に係る事例集**』もあります。

● 教育委員会等との連携のあり方

　いじめ防止対策推進法第7条では、学校だけでなく学校の設置者（以下、「学校設置者」）にも、いじめ対応に関する責務を定めています。学校設置者とは、公立学校においては教育委員会、私立学校においては学校法人、国立大学附属学校においては大学（国立大学法人）です。当然ながら、学校と学校設置者との連携は重要です。以下、この項では、公立学校の場合を想定して、学校設置者を教育委員会としますので、私立学校や国立学校の場合には適宜置き換えてご理解ください。

　いじめ対応の実務において、学校と教育委員会との連携のあり方が問われるのは、学校がいじめに対処した際だと考えられます。いじめ防止対策推進法第23条の第1項と第2項では次のように定められています。

　（いじめに対する措置）

第23条　学校の教職員、地方公共団体の職員その他の児童等からの相談に応じる者及び児童等の保護者は、児童等からいじめに係る相談を受けた場合において、いじめの事実があると思われるときは、いじめを受けたと思われる児童等が在籍する学校への通報その他の適切な措置をとるものとする。

2　学校は、前項の規定による通報を受けたときその他当該学校に在籍する児童等がいじめを受けていると思われるときは、速やかに、当該児童等に係るいじめの事実の有無の確認を行うための措置を講ずるとともに、その結果を当該学校の設置者に報告するものとする。（第3項以降略）

　第2項にあるように、学校はいじめに対処した際には教育委員会に報告する義務が定められています。しかし、本章2で取り上げるように、いじめの定義は広く、学校では多くのいじめ案件を認知しているはずで

す。そうなると第3章4で詳しく見るように、**一つ一つのいじめ案件について教育委員会にどのように報告するか**が実務上問題になります。国のいじめ防止基本方針にも、この点については特段の言及はありません。もしかすると、重大事態に該当するような場合でなければ教育委員会には何も報告しないという学校が多いのではないでしょうか。

このように、いじめ防止対策推進法には実務上どうしてよいかがわかりにくい点があり、学校運営上悩まされることがあります。

2 ● いじめの定義と積極的な認知

● 広すぎるいじめの定義

　いじめ防止対策推進法に則っていじめへの対応を進めるにあたり、悩まされることの一つが、**いじめの定義が非常に広い**ことです。同法は第2条第1項で、いじめの定義を次のように記しています。

　（定義）
第2条　この法律において「いじめ」とは、児童等に対して、当該児童等が在籍する学校に在籍している等当該児童等と一定の人的関係にある他の児童等が行う心理的又は物理的な影響を与える行為（インターネットを通じて行われるものを含む。）であって、当該行為の対象となった児童等が心身の苦痛を感じているものをいう。

　基本的に、学校内の児童生徒同士の関係において、ある者の行為によって別の者が苦痛を覚えたら「いじめ」ということになります。
　この定義を字義通りに解釈すると、次の事例も「いじめ」ということになってしまいます。

・Aさんが算数の問題を一生懸命に考えていたところ、隣の席の算数が得意なBさんは、解き方と答えを教えてあげた。Aさんは、あと一息で正解にたどり着くところであり、答えを聴いた途端に泣き出してしまった。このことでBさんは困惑してしまった。

　この例は、文部科学省の「いじめの認知について」という文書の中で記されているものです。この文書では、こうした場合も学校ではいじめとして認知し、その上で**「いじめ」という言葉を使わずに指導する**とい

うことが示されています。

　いじめ防止対策推進法では、いじめの定義を広くとることによって、児童生徒が苦痛を覚えている状況の積極的な把握や早期対応を促しているものと考えられます。しかし、いじめの定義が広いことには、学校でのいじめ対応の実務を困難にしている面もあります。上記のAさんのように、善意でなされた行為によって他の児童生徒が苦痛を覚えてしまうような場合までいじめとして認知せよと言われても、こうしたものを「いじめ」とみなしたくないと感じる教職員は多いはずです。

　また、次のような事例も、定義上はいじめに該当することになります。

・体育の授業でバスケットボールをしていて、相手チームの選手が自分のディフェンスをうまくかわしてロングシュートを決めたために、自分のチームが負けて泣いてしまった。
・好きだった同級生に告白したが、丁重に断られてしまい、ひどく落ち込んでしまった。
・仲の良い同級生から転校することになったと告げられ、気持ちがひどく落ち込んでしまった。

　こうしたものまでいじめとして認知しようとするのは、かなり無理があるように思われます。しかし、これらはいじめとして認知しなくてよいとしてしまうと、いじめとして認知するかしないかをどこで区切ればよいのかがわからなくなってしまいます。教師によって、あるいは学校によって、どこからが「いじめ」なのかが違ってしまうということにもなりかねません。

● 重要なのは、苦痛を見逃さないこと

　以上のように、いじめ防止対策推進法の「いじめ」の定義は広いので、学校においていじめに対応していくためには注意が必要です。ここで重

要なのは、**いじめを認知することと、いじめとして対応するということ**
を明確に区別することです。

　法律上の「いじめ」の定義が広いからといって、教職員が恣意的に定
義に合うものの一部のみを「いじめ」として認知することは許されませ
ん。たとえ苦痛が小さいと思われたとしても、児童生徒が他の児童生徒
の行為によって苦痛を覚えたと考えられる場合には、法律上の「いじめ」
として認知しなければなりません。このことは、いじめを認知するとい
う姿勢でなく、児童生徒の苦痛を認知する姿勢によって可能となると考
えられます。いじめを認知しようとする姿勢では、「いじめ」という語
の印象にどうしても影響され、「いじめ」という語に合うか合わないか
の判断をしてしまいかねないからです。

　実務上は、管理職や生徒指導主事や学年主任が教職員に言うべきこと
を、「いじめを認知したら報告してください」でなく、「児童生徒が苦痛
を覚えた可能性があったら報告してください」とするとよいでしょう。
教職員が直接捉えることができるのは、法律上の「いじめ」ではなく、
児童生徒が苦痛を覚えている様子です。泣き出したり、嫌がったり、黙
ってしまったり、つらそうにしていたりというように、児童生徒が苦痛
を覚えている可能性があると考えられる場面は、日常的にあるはずです。
そうした場面において、誰のどのような様子が見られたかを把握し、で
きるだけ早く（少なくともその日のうちに）学年主任や生徒指導主事に報
告してもらう必要があります。

　こうした過程において、個々の教職員が、把握された事態が「いじめ」
に該当するかを判断する必要はありません。まずは児童生徒が苦痛を覚
えた可能性があることについて共有し、その児童生徒のことを心配し、
必要な支援をすることを考えることが求められるはずです。単純に「大
丈夫？」などと尋ねても「大丈夫」と答える可能性が高いでしょうから、
「今の、つらかったんじゃない？」等、児童生徒が苦痛について話しや
すいように尋ねるとよいでしょう。そして、仮に本人がつらくないと言

っていたとしても、泣いていた、落ち込んでいた等、苦痛を覚えている
ように見えたという事実については、学年主任や生徒指導主事に報告す
ることが必要です。報告があった時点で、「いじめ」に該当する事態が
生じていたのかどうかについてあらためて、生徒指導主事なり管理職な
りが中心になって判断すれば十分です。

　法律上の「いじめ」として認知された事案については、学校としてど
のように対応するかを組織的に決める必要があります。基本的にはその
日のうちに、生徒指導主事あるいは管理職を中心に対応の方針を決め、
関係する教職員に共有するとよいでしょう。問題が解決し苦痛が解消し
ていると考えられるのであれば、しばらく様子を見るということになる
はずです。苦痛が解消していないと考えられるのであれば、被害に遭っ
た児童生徒の支援が必要です。行為を行った加害者側に問題があるので
あれば、加害者に対する指導を行わなければなりません。いずれにして
も、問題が解決し苦痛が生じていないと判断できる状態になってから基
本的に3ヶ月は注意して様子を見ていく必要があります。

　学校によりますが、法律上の「いじめ」に該当する案件は週数回ある
いは毎日数回くらいの頻度で発生する可能性があります。生徒指導主事
を中心にこうした案件の情報を収集して学校としての対応を決め、対応
中の案件、様子を見る案件、対応が終了した案件に分けて情報が整理さ
れ、対応中の案件と様子を見る案件については、毎週の生徒指導会議等
で状況を確認していくことが必要となります。

3 ● いじめ防止のために何ができるか

● いじめ防止策として期待されること

　いじめ防止対策推進法は第15条で、学校に対して**いじめ防止策**を講じることを求めていますが、以下のように「道徳教育及び体験活動等の充実」「いじめの防止に資する活動」とあるだけで、いじめ防止策の内容については具体的な定めはありません。

（学校におけるいじめの防止）
第15条　学校の設置者及びその設置する学校は、児童等の豊かな情操と道徳心を培い、心の通う対人交流の能力の素地を養うことがいじめの防止に資することを踏まえ、全ての教育活動を通じた道徳教育及び体験活動等の充実を図らなければならない。
2　学校の設置者及びその設置する学校は、当該学校におけるいじめを防止するため、当該学校に在籍する児童等の保護者、地域住民その他の関係者との連携を図りつつ、いじめの防止に資する活動であって当該学校に在籍する児童等が自主的に行うものに対する支援、当該学校に在籍する児童等及びその保護者並びに当該学校の教職員に対するいじめを防止することの重要性に関する理解を深めるための啓発その他必要な措置を講ずるものとする。

　他方、国の基本方針には、もう少し具体的な記述が見られます。以下、箇条書きにし、番号を付けて引用します。

(1)　児童生徒が自主的にいじめ問題について考え、議論すること等のいじめの防止に資する活動に取り組む。
(2)　児童生徒が、心の通じ合うコミュニケーション能力を育み、規律

正しい態度で授業や行事に主体的に参加・活躍できるような授業づくりや集団づくりを行う。

（3）　児童生徒に対して、傍観者とならず、学校いじめ対策組織への報告をはじめとするいじめを止めさせるための行動をとる重要性を理解させるよう努める。

（4）　集団の一員としての自覚や自信を育むことにより、いたずらにストレスにとらわれることなく、互いを認め合える人間関係・学校風土をつくる。

（5）　教職員の言動が、児童生徒を傷つけたり、他の児童生徒によるいじめを助長したりすることのないよう、指導の在り方に細心の注意を払う。

　これら5項目のうち、（1）と（3）はいじめの問題を主題とした学習の機会を設けて対応することが想定されるものと言えますが、他の3項目は「授業づくりや集団づくり」「人間関係・学級風土」「教職員の言動」といった日常の教育活動の積み重ねにおいて対応されるものです。このことから、学校におけるいじめ防止策は、日常の教育活動のあり方をいじめが起きにくいものにしていくことを基盤とした上で、児童生徒がいじめの問題について考え、議論する活動を道徳や学級活動等において実施することが求められると言えるでしょう。

● **教育活動のあり方を点検する**

　では、学校におけるいじめ防止策を効果的なものにするには、どうしたらよいのでしょうか。まず、基盤となる日常の教育活動について考えましょう。

　まず、**授業づくりや学級づくり**が学校全体としてうまくいっているかどうかが問われます。仮にいわゆる学級崩壊や授業不成立のような状況が一部ででも生じているのであれば、その学級や授業においていじめが

発生するリスクが抑えられていないと言えます。学級経営や授業がうまくいっていない教員がいないのか、仮にうまくいっていない教員がいたときに学校が組織的にそうした教員を支え、事態を改善することができているのかが問われることになります。過去の深刻ないじめ事案を見ても、学級が荒れていて担任教員の子どもたちへの指導が成立していない中でいじめが深刻化した例が見られます。

　次に、学級や授業がうまくいっているように見えても、**個々の児童生徒**が課題を抱えていないかどうか、課題を抱えている児童生徒に対して必要な支援がなされているかが問われます。学習面やコミュニケーション面で困難を抱えている児童生徒が放置されていたり、家庭生活で困難を抱えている児童生徒が見過ごされているのでは、そうした子どもがいじめの被害者になったり加害者になったりするリスクが抑えられていないということになります。

　そして、**教職員の言動**についてです。暴言や暴力が許されないのはもちろんですが、自分と異なる立場の人や少数の人に配慮のない言動があったり、児童生徒の話をよく聞かずに指導していたりすることも、いじめを助長するリスクがあります。たとえば、男らしさや女らしさを前提とする言動や性的少数者を否定する言動は多様な性のあり方を否定し、「男らしくない」男子や「女らしくない」女子がいじめの対象となるリスクを増大させると考えられます。また、地元への愛着を強調することが転入生を否定することにつながったり、集団の中に日本人しかいないかのような発言が外国にルーツのある児童生徒を否定することにつながったりして、そうした児童生徒に対するいじめのリスクを増大させるかもしれません。

　さらに言えば、**教職員集団の中で一部の者が攻撃される**ような印象を与えることも、いじめを是認する印象を与えうるものであああり、児童生徒間のいじめを助長するリスクがあります。2019年、神戸市の小学校における「教員いじめ」事件が発覚し、注目されました。教職員の集団

において一部の者が攻撃されている状況を認めてしまっている教員が、児童生徒間のいじめを防止することができるはずがありません。逆に言えば、教職員集団における差別やハラスメントを防止することも、いじめ防止策となると言えます。

● いじめを主題とする教育活動を実施する

では、**いじめの問題を直接扱う活動**についてはどうでしょうか。

小中学校においては、教科化された道徳において、本来の意味での**「考え、議論する道徳」**の形でいじめの問題を扱うことが中心となるものと考えられます。教科書にもいじめの問題を扱った教材が掲載されていますが、教科書の教材が学級の状況に合わないのであれば、他の教材の活用が検討されるべきでしょう。私自身も動画教材や漫画教材等の開発に関わってきました（たとえば、河出書房新社の『みんなで道トーク！』シリーズ全3冊）。いじめについて考え、議論するのに適した教材は多く見つけられるはずです。

いわゆるネットいじめの予防策として、**情報モラル教育**を教育課程に適切に位置付けて実施することも重要です。情報モラル教育用の教材は、道徳の教科書に掲載されているほか、国や自治体、NPOや企業が提供しているものが豊富にあります。NPOや企業、警察等に依頼し、出前授業をしてもらうことも可能です。

そして、弁護士会やNPO等の協力を得て、**ゲスト講師を招く特別授業**を実施する方法もあります。いじめ防止のためには、人権や法律の観点からいじめの問題を考えたり、いじめ被害を経験した人の話を聞いたりすることも重要と考えられます。各地の弁護士会やNPO等に相談すれば、協力を得られるでしょう。

このようにいじめの問題を直接扱う活動については、教育課程に位置付けて計画的に実施することが必要である一方、児童生徒の様子を見て臨機応変に実施することもあってよいと考えられます。

4 ● スクールカウンセラーやスクールソーシャルワーカー の活用とは

● 配置が進むスクールカウンセラー、スクールソーシャルワーカー

　いじめや不登校、児童虐待や貧困等の課題が注目されるようになり、これに対応して、**スクールカウンセラー**（以下、「SC」）や**スクールソーシャルワーカー**（以下、「SSW」）の学校や教育委員会への配置が進められています。SCは全公立小中学校に、SSWは全中学校区に配置されることが原則となり、高校や特別支援学校等への配置も進むとともに、課題が深刻な学校等への重点配置やSCやSSWの指導的立場となるスーパーバイザーの配置なども進められています。

　SCは児童生徒の心理に関して知識や経験をもつ専門家であり、公認心理師や臨床心理士等の資格が求められます。SSWは福祉に関して知識や経験をもつ専門家であり、社会福祉士や精神保健福祉士等の資格が求められます。

　SCやSSWの役割については、文部科学省の「教育相談等に関する調査研究協力者会議」による「児童生徒の教育相談の充実について～学校の教育力を高める組織的な教育相談体制づくり～（報告）」（2017年1月）を参照するとよいでしょう。この報告には、別紙として「SCガイドライン（試案）」や「SSWガイドライン（試案）」が付けられており、これらの試案をSCやSSWに関して準拠すべきものと考えることができます。

　「SCガイドライン（試案）」は、SCの職務内容として、以下6点を挙げています。

（1）　児童生徒へのカウンセリング
（2）　保護者への助言・援助
（3）　児童生徒集団、学級や学校集団に対するアセスメントと助言・援

助

(4)　児童生徒の困難・ストレスへの対処方法、児童生徒への心の教育に資する全ての児童生徒を対象とした心理教育プログラム等の実施

(5)　不登校、いじめや暴力行為等問題行動、子供の貧困、虐待等を学校として認知した場合、自然災害、突発的な事件・事故が発生した際の援助

(6)　教職員に対するコンサルテーション

　SCはその名称から児童生徒へのカウンセリングが主な業務だという印象を与えるかもしれませんが、児童生徒や学級・学校に対する**アセスメント**や教職員に対する**コンサルテーション**等も職務内容に含まれており、学校のあり方に広く関わることが期待されていると言えます。

　「SSWガイドライン（試案）」は、SSWの職務内容を以下4点に整理しています。

(1)　不登校、いじめや暴力行為等問題行動、貧困、虐待等課題を抱える児童生徒と児童生徒が置かれた環境への働き掛け（個人＝ミクロへのアプローチ）

(2)　学校内におけるチーム支援体制の構築、支援（学校組織＝メゾへのアプローチ）・複数の視点で検討できるケース会議とするための事前調整やケースのアセスメント（見立て）及び、課題解決のプランニング（手立て）への支援

(3)　関係機関とのネットワークの構築、連携・調整（自治体の体制＝マクロへのアプローチ）

(4)　不登校、いじめや暴力行為等問題行動、子供の貧困、虐待等を学校として認知した場合、自然災害、突発的な事件・事故が発生した際の援助

このように、SSWは個人、学校、地域・関係機関といったさまざまなレベルで、児童生徒と環境との関係における問題の解決のために援助を行うことが求められています。

　当然ですが、SCとSSWとの間ではそれぞれの専門性を活かした連携が必要となりますし、SCやSSWと他の教職員との連携も重要です。特に、SCやSSWが現状ではほとんど非常勤職員として勤務しており、個々の学校において勤務している日は限られているので、生徒指導部会や教育相談部会等の会議、生徒指導主事や教育相談主任との打合せ、ケース会議の開催等を通して、SC、SSW、そして関係する教員が適切に連携することが学校運営上、大変重要な課題であると言えます。

● いじめ問題に関するSCやSSWの役割

　いじめ問題への対応のためにSCやSSWの配置を拡充するという話を聞くと、いじめ被害に遭った児童生徒がSCやSSWに相談するようになることが期待されると考えられるかもしれませんが、実際には被害に遭った児童生徒が自らSCやSSWに相談することは稀です。文部科学省の「令和元年度児童生徒の問題行動・不登校等生徒指導上の諸課題に関する調査結果」によれば、いじめられた児童生徒が相談した相手は、学級担任が80.8%、他の教員（養護教諭やSC等を除く）が7.4%、養護教諭が2.6%、SC等が1.9%であり、他の教職員と比較すると低い割合となっています。被害に遭った児童生徒がもっとSCやSSWに相談しやすくなるようにすることも課題ですが、少なくとも現状でSCやSSWに求められるのは最初の相談窓口としての役割ではないとも言えます。

　では、いじめ問題に関してSCやSSWに求められる役割は何でしょう。それは、**学校全体をいじめが生じにくい場にすること**と、**課題を抱えている児童生徒を心理面及び福祉面で確実に支援できるようにすること**だと考えられます。

　まず、学校全体をいじめが生じにくい場にすることという点について

は、SCにもSSWにも学校という場に関するアセスメントや教職員に対するコンサルテーションを行う役割が期待されており、いじめ問題への対応についてもアセスメントやコンサルテーションが求められているということがあります。

このためには、前提として、SCやSSWを講師とする**校内研修**を実施し、SCやSSWの役割や教職員との連携のあり方等について共通理解を図ることが求められます。学級担任等の教職員がSCやSSWの業務について具体的なイメージを描けなかったり、SCやSSWに対して心理的な距離を感じてしまって容易にコミュニケーションがとれなかったりしては、いじめの問題が生じても円滑に連携することが期待できません。そして、教育相談アンケートを実施したりSCやSSWが教室の様子を見たりする機会を設けて、SCとSSWがそれぞれの立場から児童生徒のストレスや児童生徒の人間関係等に関してアセスメントをできるようにすることが必要です。なお、管理職はSCやSSWと頻繁にコミュニケーションをとり、SCやSSWが感じたり考えたりしていることを常に共有し、学校運営に随時反映させるとよいでしょう。

次に、児童生徒への支援という点についてです。いじめの被害に遭った児童生徒に対しては、学級担任等が支援していくことは当然ですが、定期的にSCやSSWが面談をする体制をとって、教員とは違う立場で支援できるようにすることが必要である場合があります。いじめ加害者となった児童生徒に対しても、SCが定期的に面談する等して、いじめ加害の背景にある当該児童のストレスや考え方等を把握し、認知の歪みの修正を促すことが必要である場合があるはずです。

いじめの問題が生じた場合には、被害者本人だけでなく**保護者への支援**が必要となる場合があります。必要に応じて、SCやSSWが保護者の考えを聞き、他の教職員との間に入って対応を進めていくことが求められます。被害者が不登校になっていたり精神的に不安定になっていたりする場合には、SSWが適応指導教室や医療機関等の関係機関と接続

する役割を担うことも必要となります。

　今後の学校運営において、いじめ問題への対応だけでなく広範囲の課題について、SCやSSWの役割が重要となるはずです。管理職が率先してSCやSSWとコミュニケーションをとることが求められます。

5 ● 問題あるいじめ対応にはどのようなものがあるか

● 正確な認知や組織的対応等が課題

　ここまでいじめ防止対策推進法施行後、学校にどのようないじめ対応が求められるかを見てきました。実際にはこうした対応ができていない学校が少なからずあり、いじめ対応のあり方が問題となっています。

　2018年3月、総務省は行政評価局による政策評価の一環として、「いじめ防止対策の推進に関する調査の結果に基づく勧告」を発表しました。この勧告から、学校のいじめ防止対策にどのような問題が見られるがわかります。

　この勧告は、いじめ重大事態66事案の67の調査報告書を分析し、以下のように各段階で課題が指摘されていることを示しています。

(1)　いじめの認知等（37事案）：いじめの定義を限定的に解釈している
(2)　学校内の情報共有（40事案）：学級担任が他の教員等と情報を共有しない等
(3)　組織的対応に係る課題（42事案）：担任に全てを任せる等
(4)　重大事態発生後の対応（23事案）：教育委員会職員が法の趣旨や内容を十分理解していない等
(5)　アンケートの活用（18事案）：アンケート結果が活用されなかった等
(6)　教員研修（30事案）：いじめに焦点を当てた教職員対象の研修が開催されていなかった

　この総務省の分析からは、いじめを正確に認知することや学校組織において教職員が連携して組織的にいじめに対応できていないことが多くあったことがわかります。また、教育委員会において、重大事態への対

応が法に基づいてできていない事例が少なからずあったこともわかります。言わば、学校においても教育委員会においても、いじめ防止対策推進法の基本にあたる対応ができていない状況があり、こうした状況においていじめ重大事態が発生していると言えます。

　総務省はその後、2018年10月と2020年3月に、上記勧告に対する改善措置状況のフォローアップ調査結果を公表しています。これらフォローアップ調査では、文部科学省がいじめの認知等について改善に努めているということが指摘されています。しかし、総務省の勧告が出されて以降も学校や教育委員会のいじめ問題への不適切な対応が問題になっている例が見られます。まだ当面は、学校や教育委員会がいじめ防止対策推進法に基づいた基本的な対策ができていない可能性があると考え、改善を進めていくことが必要と考えられます。

● いじめの正確な認知を何が妨げるのか

　総務省の報告書から、学校のいじめ対応にどのような問題が見られるのかを詳しく読み取ってみましょう。まず、いじめの正確な認知に関わる問題についてです。

　報告書の中では、教育委員会や学校がいじめ認知の基準をどのようにしているかを示しています。調査対象となった60の教育委員会のすべてが、いじめ防止対策推進法の定義をいじめ認知の判断基準としていました。しかし、学校では状況が異なり、調査対象249校のうち23.7%にあたる59校で、いじめの定義をいじめ防止対策推進法より限定的に解釈しているとのことです。具体的には、加害行為の「継続性」を判断基準としている学校が49校、加害行為の「集団性」を判断基準としている学校が32校、「一方的」など被害・加害児童生徒間の関係の差を判断基準としている学校が7校あったと報告されています。さらに、事案の「悪質性」や加害児童生徒の「悪意」「意図」等の要素に着目しているものも見られたとされています。

報告書では、**いじめの認知漏れ**と考えられる事例として、以下の事例が挙げられています。

① 　小学校では、児童との教育相談で、数人から下着まで下げられひどく傷ついたことを把握した。学校いじめ対策組織で報告したが、単発行為で継続性がなく、解決済みであったため認知しなかった。
② 　中学校では、体育の授業後、クラス内で被害生徒の服を取り上げて投げ合い、同生徒に返さず、同生徒が泣いているのを把握した。管理職、生徒指導主事等で協議した結果、一過性の嫌がらせと判断し、認知しなかった。

　このように、「継続性」等の恣意的な判断基準が入り込み、明らかにいじめ防止対策推進法に反する認知漏れが生じていることになります。上記のような事例においては、被害を受けた児童生徒が教職員に見えていないところで別のいじめを受けている可能性が十分にあるはずであり、「解決済み」「一過性の嫌がらせ」といった判断は非常に危険なものであると言えます。
　こうしたことが起きてしまう背景には、いじめ防止対策推進法の「いじめ」定義が非常に広く、教職員の「いじめ」の語感との間に大きな差異があると考えられます。既述のように、校内で行うべきは児童生徒の苦痛を把握することであり、「いじめ」かどうかの判断は慎重にし、生徒指導主事なり管理職なりが責任をもって法に基づいた判断を行うべきだと考えられます。

● 組織的対応はいかにして可能となるのか

　教職員がいじめを認知しても報告がなされなかったり、報告がなされても組織的な対応がなされなかったりする問題については、総務省の報告書の中によく工夫されている事例が掲載されているので、そうした事

例を見ておきましょう。**情報共有**については、次のような事例が掲載されています（一部を要約して示します）。

- 中学校で、毎日、生徒指導主事が生徒指導便りを発行し、全教職員に配布。いじめ情報を含む生徒指導に関する情報を全教職員で共有している。各教職員は気になる生徒がいる場合、発行日の前日の夕方までに生徒指導主事に報告している。いじめとして認知した事例も記載することとしており、どのような事例をいじめとして捉えるかの考え方の共有も図ることができるとしている。
- 小学校で、各教員が児童の様子についていじめに限らず気付いたことを様式にメモ書きして回覧することで、担任による抱え込みを防止している。
- いじめが疑われる事象を発見又は情報を入手した場合は、すぐに生徒指導主任に報告し、生徒指導主任は、原則として報告を受けた当日に概要メモを作成し、全職員に配布することで早期に情報を学校全体で共有している。

　こうした事例からわかることは、組織的対応の前提として、学校全体で**児童生徒の様子を心配する風土**が作られており、**何かあればその日のうちに報告がなされる**ことが徹底されているということです。生徒指導主事等、いじめに関する情報を集約する立場の人が、各教職員からの情報提供を積極的に受け付け、迅速に教職員全体に共有して対応を進めるようにしていることによって、学級担任等が遅滞なく報告を行うようになるものと思われます。逆に言えば、生徒指導主事等が、報告を聞くことに消極的だと感じられてしまうと、学級担任等は事案を一人で抱えてしまいやすくなり、組織的対応ができなくなる可能性が高くなると考えられます。

最新のいじめを理解する
五つのキーワード

　いじめ防止対策推進法施行以降も、学校や社会をめぐる状況の変化は激しく、いじめについては新しい状況が生まれています。また、いじめ対応を効果的に進めるために、これまでになかった新たな概念を立て、いじめ問題について検討できるようにすることも求められます。

　この章では、最新の状況を踏まえて、私が研究的に関わっていることを中心に五つのキーワードを掲げ、いじめ対応に資すると考えられる議論を展開していきます。

　近年の情報社会の発展は、児童生徒が日常的にインターネットを使用する状況を生み出し、そうしたネット利用の中でネットいじめが問題となってきました。ネットいじめへの注目が定着した結果、あからさまに誰かを攻撃するようなネットいじめから、誰かへの攻撃なのかどうかが判然としないようないじめが目立っています。また、新型コロナウイルス禍において感染者や濃厚接触者等への差別・偏見が広がったことを背景に、「コロナいじめ」と呼ばれるようないじめの問題が出てきています。こうした社会状況の変化を背景にした新たな動向に加え、教室でいじめが起きる構造をゲーム論的に考察したり、いじめ傍観者に焦点を当てた取り組みに注目したり、実効性ある「SOSの出し方に関する教育」が必要となったりといったことも、この章では取り上げました。

　いじめ問題への実効性ある対応に資するような検討を、今後も進めていかなければならないと考えています。

1 ● ダブルバインド型いじめ
〜「ステメいじめ」や「いじり」はなぜ深刻か〜

● 被害者を二重に拘束するダブルバインド型いじめ

　近年問題になることの多い形態のいじめに、**「ステメいじめ」**という
ものがあります。「ステメ」とは「ステータスメッセージ」、すなわち
LINE等のスマートフォン用アプリで、プロフィール欄に書くことがで
きるメッセージのことを言います。「ステメいじめ」とは、このステメ
で、他の児童生徒の悪口を書くいじめのことです。

　「ステメいじめ」の特徴は、**誰のことかがわからないように**悪口が書か
れる場合が多いということです。「調子に乗らないで」「ウザいんだよ」
などという言葉が、誰のことだかが示されずに書かれます。あからさま
な悪口を書くことが悪いことだという認識を多くの児童生徒がもってい
ると考えれば、このように誰のことかを示さずに書くことは理解できます。

　そもそも「ステメ」自体が特定の対象に向けられたメッセージではな
く、悪口も誰のことかがわからないように書かれているため、「ステメ
いじめ」といっても大した問題ではないように思われるかもしれません。
しかし、書かれる側にしてみれば、「ステメいじめ」によって深刻な苦
痛を与えられることになりかねません。仮に被害を訴えても、書いた側
は「全然違うことについて書いたのに、被害妄想ではないか」などと反
論してくることが考えられます。被害を訴えなければ、苦痛を与えられ
たままになってしまいます。どちらにしても苦痛が続くことになると考
えられるのです。

　「ステメいじめ」は、発信者によって次の二重のメッセージが発せら
れている状態と考えることが可能です。

　第一のメッセージ
　　単に自分の気持ちを書いているだけなのだから、被害者は気にするな。

第二のメッセージ
　　被害者のことを悪く言っているのだから、被害者は苦しめ。

　精神医学等の研究者であるベイトソンは、このように二重の相矛盾するメッセージが同時に発せられて相手を苦しめている状態を、「ダブルバインド」と呼びました。ダブルバインドは相手を二重に拘束している状態です。
　「ステメいじめ」のように、二重の相矛盾するメッセージを発して相手を苦しめるいじめを、**「ダブルバインド型いじめ」**と呼ぶことにしましょう。いじめをしてはいけないということを児童生徒が理解している状況においては、いじめが起こるとすれば、そのいじめは、被害者が被害を訴えにくいようなものになりやすいはずです。ダブルバインド型いじめは、まさに被害者が被害を訴えにくいいじめです。

●「いじり」や「プロレスごっこ」や「嫌なあだ名」も

　ダブルバインド型いじめは、「ステメいじめ」だけではありません。ネットいじめである必要もなく、従来からある「いじり」、「プロレスごっこ」、「嫌なあだ名で呼ぶ」といったものもダブルバインド型いじめだと言えます。
　「いじり」は、もともとお笑いの文脈で用いられてきた用語であり、悪意なく親しみを込めて他者の弱いところや恥ずかしいところなどを面白おかしく話題にすることを意味します。「いじり」は、互いの心理的距離を近づけて親密さや愛情を表現する行為とされているので、仮に被害者が苦痛を覚えても、被害を正面から訴えることは難しく感じられるはずです。仮に被害を訴えても、親密さや愛情の表現なのに本気で被害を訴えるのはおかしいと非難される可能性が高いと考えられます。しかし、何もしなければ「いじり」が続きます。このように、「いじり」も、「被害者は気にするな」と「被害者は苦しめ」という相矛盾する二重の

メッセージを発するダブルバインド型いじめだと言えます。

「プロレスごっこ」も同様です。たとえ被害者が一方的にプロレスの技をかけられて苦しんでいるとしても、そこでなされているのが「プロレスごっこ」という遊びだとすると、本気で被害を訴えるのはおかしいと非難されそうです。「プロレスごっこ」でも、「被害者は気にするな」と「被害者は苦しめ」という相矛盾する二重のメッセージが発せられます。

「嫌なあだ名で呼ぶ」ということも同じですね。あだ名は単に別の呼び方であって、被害を訴えても真剣に取り合ってもらえない可能性があります。

● ダブルバインド型いじめを抑止するには

児童生徒Aが他の児童生徒Bに対して悪感情を抱き、最終的にダブルバインド型いじめをするまでの過程は、図のようにモデル化することが可能です。この図をもとに、ダブルバインド型いじめ、さらにはいじめ一般を抑止するために何が効果的なのかを考えることができます。

第一に、AがBに対して悪感情を抱いても、Bに対して何もせずにすめばいじめは発生しません（①でYes）。ここでは、怒りをコントロールする「アンガーマネジメント」やストレスを調整する「ストレス・コーピング」等が、いじめ一般の防止に有効だと考えられます。

第二に、AがBのことを尊重しつつBに対する自分の感情を伝えることができれば、いじめにならないと考えられます（②でYes）。相手を尊重しつつ主張する「アサーション」の技術を学ぶことが有効と考えられます。

第三に、Bがあからさまないじめにもダブルバインド型いじめにも反撃すると考えられる場合には、AはBに対していじめを行うことを断念するでしょう（③と⑤でYes）。これはすなわち、いじめを受ける側が強くなることによっていじめを抑止するということになります。児童生徒

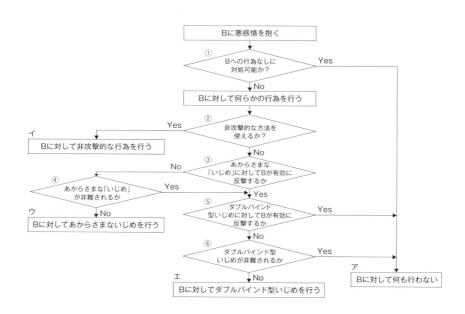

の心身を鍛えることによっていじめを抑止するということは一般論としてありうることかもしれませんが、学校においてできることは限定されるようにも思われます。

　第四に、あからさまないじめあるいはダブルバインド型いじめが教員や他の児童生徒から非難されると考えられる場合には、Aは非難を恐れて、いじめを行うことを回避するでしょう（④または⑥でYes）。あからさまないじめが悪いことは理解されやすいかもしれませんが、これまでの多くの学校においては、ダブルバインド型いじめは非難されにくい場合が多いと考えられます（つまり、⑥でNoになりやすい）。

　アンガーマネジメントやストレス・コーピング、アサーションといったことに加え、ダブルバインド型いじめは相手を苦しめる卑怯な行為で許されないということを学校において共通理解としていくことがもっと考えられるべきではないでしょうか。

2 ● コロナいじめ
　　〜感染リスクを高める者は排除されるしかないのか〜

● 新型コロナウイルス禍で広がる差別・偏見

　2020年1月ごろより世界的に感染が広がった**新型コロナウイルス感染症**（COVID-19）は、長期の休校措置や感染防止策を講じながらの教育活動の実施と、学校教育にも深刻な影響をもたらしています。この状況において懸念されるのが、コロナに関連した差別・偏見が背景にあるいじめです。

　2020年1月、感染者を受け入れた千葉県の病院が開いた説明会において、病院職員の子供らが「いじめに遭っている」として市民らに冷静な対応を呼びかけました（朝日新聞2020年1月31日）。同年4月、日本看護協会会長が記者会見し、看護師とその家族に対する差別・偏見が広がっている状況について訴え、その中で、新型コロナウイルス感染症患者を受けている医療機関に勤務している看護師の子どもが学校でいじめに遭った例が挙げられました（読売新聞2020年4月22日）。同年8月、新潟県教育委員会は、コロナ関連のいじめが少なくとも8件起きていることを発表しています（NHK2020年8月25日）

　こうした中、2020年8月、萩生田文部科学大臣は、児童生徒・学生向け、教職員等学校関係者向け、そして保護者・地域住民向けのメッセージを発信し、コロナ感染防止に取り組むとともに、誤った情報や不確かな情報に惑わされないことや、誤解や偏見に基づく差別を行わないこと等を訴えました。このことと前後して、東京都教育委員会等が、コロナ関連の差別やいじめの防止を目的とした教材を公表する等、コロナいじめを防止する動きが広がっています。

　新型コロナウイルス感染症に関して、差別・偏見やいじめを防止することは、学校において重要な課題の一つとなっています。こうしたコロナいじめは、いじめとして被害者が苦しむという点で問題であるのは当

然ですが、これに加えて、いじめられることを恐れて感染者との接触が
あったり体調不良があったりしてもいじめ被害を恐れて病院で受診する
等の対応をとらない児童生徒が増えることにつながると考えられること
から、感染予防の点でも問題であると言えます。

● コロナいじめと社会的ジレンマ

　コロナいじめ防止に関しては、2020年3月に日本赤十字社が発表し
た「新型コロナウイルスの3つの顔を知ろう！～負のスパイラルを断ち
切るために～」というサイトがわかりやすい内容となっており、文部科
学省のサイトでも紹介されています。

　このサイトでは、新型コロナウイルスに関して、「病気」、「不安」、「差
別」を「3つの"感染症"」として説明し、これらが円環的につながる
ことによって負のスパイラルが発生することを警告しています。すなわ
ち、まず病気そのものが広がる状況があり、そうした状況から人々に不
安と恐れが広がり、そうした不安や恐れから差別や偏見が広がります。
そして、差別や偏見が広がることによって、差別されることを恐れて体
調が悪くても受診をためらう人が増え、病気が広がることにつながると
いうのです。逆に言えば、手洗いの徹底や人混みを避けること等の感染
防止策で病気の拡大を防ぎ、正しい情報をもとに冷静になること等を通
して不安を抑え、医療従事者や感染して治療を受けている人等への敬意
やねぎらいの気持ちをもつこと等を通して差別・偏見の拡大を防ぐこと
で、負のスパイラルを止めることが可能となると言えます。

　単純に、コロナいじめはいけない、差別はいけないというように訴え
るだけでは、コロナいじめや差別を防ぐことにはつながりにくいはずで
す。というのは、コロナいじめや差別を行う人は、こうしたことが悪い
ことだということを認識していても、自分や自分の周囲の人が感染する
のを防ぎたいという思いで、感染リスクが高そうな人を遠ざけようとし
ているからです。いじめや差別が悪いということより、自分や自分の周

囲の人を守りたいという思いがまさってしまっているのだとすれば、そうした態度を変えることは容易ではありません。自分たちの身を守るためにある程度の不道徳な行動をとってしまうことは、なかなか責められないものです。

　では、どう考えたらよいでしょうか。それは、コロナいじめの問題は、**社会的ジレンマ**と言える状況にあることを理解することで見えてきます。社会的ジレンマとは、個人の合理的な選択が社会の最適な選択と一致しない状況をいいます。環境問題がよい例ですが、個人が自分たちの生活を豊かにしようとエネルギーを多く使い、物資を使い捨てにする生活をすることは、エネルギーや物資が安価に購入できるなら合理的と言えるかもしれません。しかし、多くの人がこうした生活をしてしまうと、エネルギーや物資が枯渇したり地球環境に悪影響を及ぼしたりして、社会としては将来の困難につながると考えられます。コロナいじめも同様で、自分たちの身を守ろうとしてコロナ感染者等を排除しようとする行動は合理的に見えるかもしれませんが、こうした問題が起こることによって受診が遅れる人が増えてコロナ感染が拡大すれば社会としては損失が大きくなります。

　このように考えると、コロナいじめ対策として重要なことが見えてきます。まずは、不安から感染者や濃厚接触者を遠ざけようとして差別や排除を行おうとする人が出てくると、感染が広がることにつながってみんなが困る、ということについて児童生徒や保護者等の理解を得ることが必要です。それでも自分だけは身を守りたいと考える人がいる可能性は残るので、そうした人については、「そういうあなたも、感染者や濃厚接触者になるかもしれない」ということを突きつけることも必要かもしれません。

● 学校が取り組むべきこと

　現在の新型コロナウイルス禍はいずれ終息するかもしれませんが、イ

ンフルエンザやノロウイルス等、学校において警戒が必要な感染症がなくなるわけではありません。今後も、学校において感染症対策は重要な課題であり続けるでしょうし、感染症に関連したいじめや差別を防止することも引き続き求められるはずです。

　他の感染症に関しても、いじめや差別を防ぐには、コロナいじめと同様の考え方が求められるはずです。すなわち、必要な感染予防策を講じること、正確な情報をもとに冷静に対応できるようにすること、感染者や医療従事者などにねぎらいや敬意をもてるようにすること等が求められます。

　学校がこうした対応をとることができるようであるためには、感染症対策においてもいじめ対応においても、**学校が保護者や児童生徒から信頼されていること**が重要です。学校における感染症対策が信頼されていないようであれば、学校は感染リスクが高い場所だと考えられてしまい、たとえ誰かを排除しても自分たちの身を守りたいと考える人が出てきても、不思議ではありません。また、そもそも学校のいじめ対応に信頼がなければ、感染症に関してだけいじめを防ぐことにはなりにくいでしょう。

　学校は平時より、感染症対策等の衛生管理やいじめ対応について、必要な取り組みを着実に進め、保護者や児童生徒から信頼されることが必要です。このためには、学校の取り組みを知らせる学校広報も重要ですし、学校評価アンケートに基づいて継続的な改善を図ることも求められます。そうした基盤があった上で、感染症に関わるいじめの懸念が生じた際に、負のスパイラルを断ち切ることを目指した指導を行うことが理想的です。

　新型コロナウイルス禍は、多くの人々に健康面、心理面、経済面等々で多大なる被害をもたらしています。若年層の自殺者が増えているという問題も顕在化しています。こうした中で学校は、コロナいじめを防ぎ、子どもたちの安全と安心を守っていかなければなりません。

3 ● 多数決ゲーム〜教員も巻き込まれる排除の構造〜

● 同調圧力からいじめが起きる状況をモデル化する

　ここで扱う「**多数決ゲーム**」というのは、同調圧力からいじめが起きる状況を説明するためのモデルとして私が提案しているものです。「多数決ゲーム」は、集団の中で各メンバーが選択肢を選択する際、結果的に多数派となる選択をした者が勝つゲームを意味します。漫画作品『LIAR GAME』（甲斐谷忍作）に出てくる「少数決ゲーム」から着想したものです。同調圧力からいじめが起きる教室の状況は、「多数決ゲーム」が繰り返し起こっているものとして理解することが可能です。

　具体的に述べましょう。教科の授業でも学級活動でもかまいません。学級等において、いくつかの選択肢が示され、集団での意思決定がなされる場面を考えてください。素朴に考えれば、他の人の考えも考慮した上で一人一人が自分が最善と考える選択肢を選択することになると考えられるでしょう。しかし、同調圧力が強く、「**空気**」を読んで選択する者が多くなると、状況は違います。「空気」を読んで決める者にとっては、多数者が選択しそうな選択肢をあらかじめ予想し、選択場面においてその選択肢を確実に選択することが重要ということになります。「空気」を読もうとする者にとっては、うまく「空気」を読んで多数者と同じ選択を行うことができればそのゲームで勝利したことになり、多数者とは異なる選択を行った場合には敗北したこととなります。

　このように選択がなされるのは、授業等であからさまに選択が求められている場面でだけではありません。教員から挙手を求められたときに誰が挙手するか、話し合いで沈黙が生じたときに誰が発言するか等、日常のさまざまな場面において、同様の選択がなされます。教員から挙手を求められたときには、そのような場面で手を挙げるであろうと多くの者から思われている者のみが手を挙げれば、そこにいる者たちは「空気」を読んだということになるでしょう。しかし、手を挙げるであろうと思

われていた者が手を挙げなかったり、手を挙げないだろうと思われていた者が手を挙げたりしたら、そうした者は「空気」が読めなかったということになります。

　こうした「多数決ゲーム」がプレイされているとすると、「空気」を読むのが苦手な者やそもそも「空気」を読もうとさえしない者は、ゲームに負けることが多くなります。「多数決ゲーム」をプレイしている者にとっては、こうした負けが多い者を否定的に評価し、敗者として扱おうとします。具体的には、「空気が読めない」としてバカにしたり、少数意見を無視したりして、少数者に苦痛を与えることとなります。こうして、「多数決ゲーム」がいじめにつながることとなります。

● **教員も「多数決ゲーム」に巻き込まれる**

　「多数決ゲーム」で多数派が勝ち続けるためには、多数派が一枚岩である必要があります。各自がどのような選択をするか、じっくりと意見を調整してから決められるとは限らないため、瞬間的にであっても多数派は一枚岩で同じ選択肢を選択できなければならないこととなります。

　このことから、「多数決ゲーム」が繰り返されている状況においては、**スクールカースト**と呼ばれるような階級が作られやすくなります。カースト最上位の者が多数派の選択を決めるようにしていて、最上位者の意向が多数派内で確実に伝達されるようにするのが、多数派が常に一枚岩でいるための合理的な戦略ということになります。最上位者やその周囲の者が「空気」を作り、その「空気」に他の者が同調することにするのです。こうして、最上位者、周囲の者、その他の者というように階級が作られ、その他の者の下には「空気」を読めずに多数派にいられない者が位置するというスクールカースト構造ができていきます。

　このような構造の中で「多数決ゲーム」が繰り返される場合、教員もこのゲームに巻き込まれることになります。教員が多数派に同調する場合には、教員は最上位者である児童生徒の意向を汲んで振る舞うことに

なり、「空気」が読めない児童生徒に対して否定的な態度をとってしまうことになりかねません。児童生徒間のいじめに**教員が加担してしまう**事例が問題になることがありますが、この「多数決ゲーム」の構造においては、教員が多数派に同調することによって少数者に対するいじめに加担しうることが説明できることとなります。

　では、教員が多数派に同調しないとどうなるでしょうか。それでも多数派が「多数決ゲーム」をやめなければ、教員も少数派にされることとなります。この場合には、教員の指示とは独立に多数派の児童生徒が意思決定をしていくこととなり、学級経営あるいは授業運営が破綻し、いわゆる学級崩壊や授業不成立の状況に陥ることとなりかねません。

　他の可能性として、教員がカースト最上位者の立場に君臨する可能性もあります。この場合には、多数派の児童生徒が教員の意図を読み、教員に同調することによって多数派を形成することとなります。児童生徒の集団と比べて教員の影響力が圧倒的に強ければこのような状態で安定することはありえますが、教員の意図を読むことができない児童生徒が少数者として苦痛を与えられる可能性は残ります。

　以上のように、「多数決ゲーム」が繰り返され、スクールカーストと結びついている状況においては、この状況を抜本的に変えない限り、教員は「多数決ゲーム」に巻き込まれ、いじめが起きやすい状況の一部となってしまうと考えられます。

　同調圧力が支配し少数者がいじめられやすい状況を脱するには、「多数決ゲーム」とは異なるゲームがプレイされるようになることが必要です。一つ考えられるのが**「群像劇ゲーム」**というものです。このゲームは、個々のプレイヤーが互いの個性を発揮して互いに関わりながら成長することを楽しむゲームであり、冒険ゲームのように集団で役割分担をして協力しつつ課題を一つ一つ解決していくものです。「主体的・対話的で深い学び」と重なる部分があるのではないかと考えられます。

● 教員組織等をも歪める「多数決ゲーム」

　「多数決ゲーム」という考え方は、学級等のあり方だけでなく、同調圧力あるいは忖度が機能して問題ある対応をしてしまう組織のあり方にも同様に適用可能です。

　たとえば、第1章3でも述べた**「教員いじめ」の問題**があります。教員集団の中で複数の教員が一人の教員に対して執拗に「いじめ」を繰り返していたこの問題がなぜ起こってしまったのか、一般にはなかなか理解されにくいものと考えられます。しかし、この教員集団において「多数決ゲーム」がプレイされていたと考えれば、理解しやすいと言えます。教員集団の中で、特定の教員に問題があり、その教員を攻撃してよいということが多数派の形成する「空気」として共有されており、多数派の教員はこの攻撃に加わるあるいは黙認するという選択をしてしまったのだと考えれば、この状況が理解可能なものとなるはずです。同調圧力が暴言や暴力は許されないという規範より優先されてしまい、「教員いじめ」が起こっていたと考えられるのです。

　また、教育委員会のいじめ対応が、法令に違反してなされる例がいくつも報じられていますが、こうした教育委員会のあり方も、**法令より組織内の「空気」が優先する**状況において生じたと考えれば、一応説明がつくのではないでしょうか。本来、行政組織である教育委員会が法令に従わないことなど考えられませんが、そうした行政組織としてのあり方よりも、ある事案がいじめでないという「空気」や、重大事態の要件を満たしている案件が重大事態とは言えないという「空気」の方が、影響力をもってしまうと考えられます。

　このように、学校の教員組織や教育委員会の組織においても、法令等による規範より同調圧力による「多数決ゲーム」が優先されてしまうことがあります。「多数決ゲーム」は複数の層で、いじめ問題に関連しています。

4 ● 脱いじめ傍観者
〜学級の風土が第三者の行動を変える〜

● いじめの発見は児童生徒からの訴えや情報提供によることが多い

　いじめはどのように発見されるのでしょうか。文部科学省の「児童生徒の問題行動・不登校等生徒指導上の諸課題に関する調査」の2011（平成23）年度と2019（令和元）年度のデータを見てみましょう。

区分	2019年度	（比率）	2011年度	（比率）
アンケート調査等	332,161	54.2%	19,846	28.3%
本人からの訴え	107,619	17.6%	16,418	23.4%
学級担任が発見	63,814	10.4%	12,704	18.1%
本人の保護者からの訴え	62,330	10.2%	11,582	16.5%
本人以外の児童生徒からの情報	21,008	3.4%	3,566	5.1%
学級担任、養護教諭、スクールカウンセラー等以外の教職員が発見	13,590	2.2%	2,886	4.1%
本人以外の保護者からの情報	7,338	1.2%	2,113	3.0%
養護教諭が発見	2,089	0.3%	518	0.7%
スクールカウンセラー等の相談員が発見	948	0.2%	208	0.3%

　8年間でいじめ認知件数の合計は約8.7倍となり、約54万件増加しています。**アンケート調査等での増加分が、いじめ認知件数の増加分の半数以上を占めています**。2013年にいじめ防止対策推進法が施行され、多くの学校でいじめアンケートを年間複数回実施するようになったことで、いじめの発見がかなり進んだことが確認できます。

　アンケート調査等も児童生徒からの情報提供だと考えると、児童生徒からの訴えや情報提供がいじめ発見のきっかけとなった割合は、2011年度は56.7%、2019年度は75.2%と大きく上昇しています。アンケート調査等による発見が約17倍と飛躍的に伸びているだけでなく、本人からの訴えが約6.6倍、本人以外の児童生徒からの情報が約5.9倍と、児童生徒からの訴えや情報提供の伸び率が他の項目（例えば学級担任による発見は5.0倍）と比較しても高く、いじめ認知件数の大幅な増加に

は児童生徒からの訴えや情報提供が増えたことの貢献が大きいことがわかります。

　当然ですが、いじめは教職員や保護者から見えにくいところで起こります。また、いじめ行為を行った者は、行為の自覚がない場合も含め、あえて自分の行為を教職員に申し出ることは少ないはずです。このように考えれば、被害を受けた児童生徒あるいは行為者でも被害者でもない別の児童生徒が教職員等に伝えなければ、教職員がいじめを知ることは困難です。いじめ防止対策推進法の施行を経て、教職員が積極的にいじめを認知しようとするようになり、教職員自らがいじめを発見することが増えました。しかしそれ以上に、児童生徒からの訴えや情報提供をしっかりと受け付けられるようになった結果、いじめ認知件数が大幅に増えたものと考えられます。ということは、いじめ防止対策推進法施行前には児童生徒から訴えや情報提供がなかったために、教職員が認知できなかったいじめがかなりの数あったことが推測されるということになります。

● いじめを見ている児童生徒の行動には学級風土が影響する

　児童生徒からの訴えや情報提供のうち、被害を受けた本人からの訴えは数も多く2011年度からの伸びも大きいのですが、本人以外の児童生徒からの情報提供はそこまでではありません。もちろん周囲の児童生徒がいじめ被害に気付かない場合も多いと思われますが、**気付いていても教職員に知らせていない場合がまだ多い**とも考えられます。被害に遭っている本人が声をあげにくい場合も多いであろうことを考えると、周囲の児童生徒が、教職員への情報提供を含め、いじめを止めるための行動を積極的にとれるようになることが望ましいと言えます。こうした観点から、**「脱いじめ傍観者」**を目指す取り組みが求められることとなります。なお、ここで「いじめを止めるための行動」というのは、自らがいじめの標的となることを恐れずに、いじめ行為をしている者に注意して

いじめをやめさせる行動を必ずしも意味するわけではありません。自分が話したことを内密にしてもらう前提で教職員にいじめについて話すというように、自らの安全を守りつつ、いじめが止められるよう行動するということが想定されるべきだと考えられます。

いじめ問題に関して、**同調圧力**の影響が強いと考えられることはこれまで述べてきた通りです。いじめがあることを知った児童生徒が傍観者でいるのかどうかには、**学級風土**のあり方が影響することが考えられます。すなわち、学級にいじめ等で苦しむ者を心配し解決しようとする風土があれば、いじめを知った者はいじめを止めるための行動を起こしやすくなり、そうした風土がなければ傍観者のままでいやすいのではないかと考えられるのです。私たちの研究グループによる質問紙調査[*]でも、いじめを止める行動をとるかどうかの判断を学級風土によって変えると回答する児童生徒が多いことが確認されています。

各個人の態度と学級風土とは、互いに影響を及ぼし合っています。各個人の態度の蓄積が学級風土を作る一方で、さまざまな場面で各個人がとる態度は学級風土に影響されます。これらのうち個人が直接変えられるのは、自分自身の態度です。自らの態度が学級風土に影響されていることを理解した上で、自らの態度について捉え直し、学級風土をよくすることに貢献できるよう自らの態度を変えていくことが、各個人にできることだと言えます。

以上を踏まえると、「脱いじめ傍観者」の取り組みは、児童生徒が個人としていじめを止めるための行動をとれるようにすることはもちろん、多くの者がいじめを心配し、いじめを止める行動ができるような学級風土をつくることの重要性を理解し、そうした学級風土をつくる貢献できるようにする取り組みであることが求められるということになります。

---

[*]藤川大祐・青山郁子・五十嵐哲也「ネットいじめの芽における小中高生の傍観者行動と文脈要因の違いにおける差の検討」『日本教育工学会第32回全国大会講演論文集』2016年、pp.663-664。

●「脱いじめ傍観者教育」の教材例

　私たちの研究グループでは、ここまで述べきてきた考え方に基づき、「脱いじめ傍観者教育」のための教材を作成し、DVD付指導案の形で学校等に無料配布を行っています。

　その教材というのは、**「私たちの選択肢」** という教材シリーズに含まれるエピソード1「変えられる!? クラスの空気 ～ 脱いじめ傍観者教育」です（配布申込方法を含め詳細は、ストップイットジャパン株式会社のサイトを参照）。この教材は、中学生を主な対象としており、1時間の授業で活用できる映像教材です。いじめ相談アプリ「ストップイット」を導入している学校で基本的に必ずこの教材を使う授業を実施しているほか、他の学校でも広く使われています。

　この教材は実写ドラマとなっており、いじめがなされている状況を知り、いじめを止める行動をとるかどうかを迷っている中学生が主人公です。迷っている場面で画面がいったん止まり、そこから先の展開は二つに分かれます。そして、教室にいる生徒たちによる投票で次の展開を決めます。ただし、次の展開は多数決で決めるのでなく、自分ならどうするかについて投票してもらい、抽選アプリを使って、**得票数の比率に応じた確率での抽選**を行って次の展開が決まるのです。たとえば、いじめを止める行動をとる者が21名、とらない者が14名であるなら、前者に対応した展開が60%、後者に対応した展開が40%になるように抽選が行われます。こうして、一人一人の態度が学級全体の傾向にわずかでも影響すること、教室全体の傾向が展開の決定に影響するのと同様にいじめを見た人がいじめを止める行動をとれるかは学級の雰囲気に影響されること等を学べるようになっています。

　いじめを止める行動をとるべきだということだけを扱うのでなく、学級の雰囲気（学級風土）を変えることも大切だということを扱うことで、実効性ある「脱いじめ傍観者」教育ができると考えられます。

5 ● SOSの出し方に関する教育
　　〜相談した後のイメージを描く〜

● **子どもの自殺予防のために何が求められているか**

　児童生徒がいじめを苦にして自殺したと考えられる事案が、これまで繰り返し生じてきました。また、いじめとの関連は見られなくても、児童生徒の自殺を防止することは重要な課題となっています。ここでは、児童生徒の自殺防止策について考えていきましょう。

　2021年2月、文部科学省は、新型コロナウイルス禍にあった2020年の小中高生の自殺者数が479人であり、前年の339人から大幅に増えたことを発表しました。特に高校生女子の自殺者数は138人で、前年の67名から2倍以上に増加していることが注目されます。新型コロナウイルス禍における休校措置の影響で多くの学校で夏休みが短縮された2020年8月に特に自殺者が多かったことも明らかになっています。

			1月	2月	3月	4月	5月	6月	7月	8月	9月	10月	11月	12月	計
令和元年	小学生	総数	0	0	3	1	0	0	1	0	1	0	0	0	6
		男子	0	0	1	1	0	0	1	0	0	0	0	0	3
		女子	0	0	2	0	0	0	0	0	1	0	0	0	3
	中学生	総数	11	7	10	7	5	6	6	10	12	2	9	11	96
		男子	4	4	8	6	3	4	3	7	6	2	4	8	59
		女子	7	3	2	1	2	2	3	3	6	0	5	3	37
	高校生	総数	21	24	22	20	22	15	13	19	29	22	14	16	237
		男子	17	16	13	15	13	10	7	16	22	17	10	14	170
		女子	4	8	9	5	9	5	6	3	7	5	4	2	67
令和2年	小学生	総数	2	1	1	1	0	1	0	1	2	1	3	1	14
		男子	0	0	1	0	0	1	0	0	0	1	2	0	5
		女子	2	1	0	1	0	0	0	1	2	0	1	1	10
	中学生	総数	12	14	9	7	6	17	9	17	14	9	6	16	136
		男子	6	4	4	5	4	13	6	9	9	5	3	6	74
		女子	6	10	5	2	2	4	3	8	5	4	3	10	62
	高校生	総数	21	17	24	17	23	27	28	46	37	28	39	22	329
		男子	13	7	17	11	16	15	15	23	21	18	23	12	191
		女子	8	10	7	6	7	12	13	23	16	10	16	10	138

出典：文部科学省「コロナ禍における児童生徒の自殺等に関する現状について」（2021年2月）

日本では1998年に自殺者総数が3万人を超え、自殺防止対策が重要課題となってきました。その後、自殺対策基本法の制定や自殺総合対策大綱が策定され、これらに基づいて厳しい状況にある人への支援策の充実等が強力に進められ、2019年の自殺者は20,169人と最多だった2003年の34,427人の3分の2以下にまで減少しました（コロナ禍の2020年には20,919人に増加しています）。それでも人口あたりの自殺者数はG7諸国最悪の水準であり、大人も含めた自殺対策が求められています。自殺者の中で小中高生が占める割合は低いものの、小中高生の自殺者数は高止まり傾向から2020年に急増している状況で、危機的な状況にあります。

　学校においては、健康観察、相談体制、教育相談アンケート等によって児童生徒の抱える悩みに対応する校内環境づくりや、生命を尊重する教育、心身の健康を育む教育、温かい人間関係を築く教育等が求められます。その上で、文部科学省は**「自殺予防教育」**の実施を求めています。こうした取り組みは、いじめを防止し、いじめを早期発見することにもつながるものですので、いじめ防止策と合わせて組織的、計画的に取り組むことが必要と言えます。

●「自殺予防教育」と「SOSの出し方に関する教育」

　2014年、文部科学省の協力者会議は、『子供に伝えたい自殺予防（学校における自殺予防教育導入の手引）』を公表しました。ここで言う「自殺予防教育」とは、自殺の状況を踏まえた上で「いのちの危機」の乗り越え方について学んだり、「いのちの危機」に影響を与える「心の不調」への対処法を学んだりするというものです。

　しかし、このような自殺そのものを正面から扱う「自殺予防教育」の実施には慎重な配慮が必要です。自殺の問題を正面から扱うような教育を行うことについて関係者の合意が得られにくい場合もあるでしょうし、自殺等のリスクが高い児童生徒がこうした教育を受けた場合の影響も懸

念されます。上記の「手引」でも、「自殺予防教育」の実施にあたって
は、関係者間での合意を形成しておくこと、適切な教育内容を準備して
おくこと、リスクの高い児童生徒を「フォローアップ」することを前提
条件として求めています。

　学校において、こうした前提条件を整えることは容易ではありません。
特に、リスクが高い児童生徒をあらかじめ特定した上で必要な配慮を行
うことについては、リスクの評価や配慮に不十分な点が残る可能性を完
全に排除することは難しいものと考えられます。実際、「自殺予防教育」
が学校で広く行われるような状況には至っていません。

　他方、2017年に政府が出した「自殺総合対策大綱」では、「自殺予
防教育」については特段の言及はなされず、**SOSの出し方に関する教
育の推進**」が掲げられました。「SOSの出し方に関する教育」は、「命
や暮らしの危機に直面したとき、誰にどうやって助けを求めればよいの
かの具体的かつ実践的な方法を学ぶと同時に、つらいときや苦しいとき
には助けを求めてもよいということを学ぶ教育」あるいは「社会におい
て直面する可能性のある様々な困難・ストレスへの対処方法を身に付け
るための教育」と説明されています。これは、2016年改正の自殺対策
基本法第17条第3項の「困難な事態、強い心理的負担を受けた場合等
における対処の仕方を身に付ける等のための教育又は啓発」に対応する
ものと考えられます。

　文部科学省の協力者会議等で取り上げられている「SOSの出し方に
関する教育」には、外部講師を活用する「東京都足立区モデル」、DVD
を活用する「東京都モデル」、教師主導で絵本を活用する「北海道教育
大学モデル」の3種類が取り上げられています。いずれも、1時間（45
〜50分）の授業で扱えるものであり、自殺に関する用語を使用しません。

　「SOSの出し方に関する教育」が自殺の問題を直接扱わず援助希求行
動の重要性や方法を学ぶ教育だとすると、一定の配慮は必要であるかも
しれませんが、基本的に児童生徒に悪影響を及ぼす可能性は低いものと

考えられます。それでも、「SOSの出し方に関する教育」も「自殺予防教育」と同様に、多くの学校に広がっているとは言い難い状況が続いています。

● 相談した後のイメージを描くことの必要性

　ここまで見てきたように、「自殺予防教育」も「SOSの出し方に関する教育」も現状ではあまり実施されておらず、小中高生の自殺が多いにもかかわらず効果的な対応ができているとは言い難い状況が続いています。今後は、自殺を直接扱わない「SOSの出し方に関する教育」を、実効性がある形で広く実施していくことが必要ではないでしょうか。

　「SOSの出し方に関する教育」の実施に際しては、当該の学校の児童生徒が実際に利用できる相談窓口に関して、相談した後にどのように事態が進むのかを児童生徒がイメージできるようにすることが重要と考えられます。私たちの研究グループでは、いじめ等の相談アプリである**「ストップイット」**を念頭に、悩みがある場合に相談窓口に相談した後にどのような対応がなされるのかをイメージできるようにした教材を**「私たちの選択肢」**シリーズのエピソード２「どうする!? SOS ～ ホウレンソウ（報告・連絡・相談）教育」として開発し、「私たちの選択肢シリーズ」としてDVD付指導案の学校等への無料配布を進めています。この教材では、千葉県の柏市教育委員会の協力の下、スマートフォンのアプリで相談を行った場合に、アプリの向こう側にはどのような人がいてどのように対応してくれるのかを、実際に相談対応を行っている担当者の様子を実写ドラマの中で描いて、相談がなされた後のイメージを描けるようにしています。

　このように、実際の相談窓口に合わせた教材を活用した「SOSの出し方に関する教育」を進めることが、児童生徒の自殺防止対策としてもっと広がることが必要ではないでしょうか。

深刻ないじめを生じさせない学校運営

　ここまで、いじめ防止対策推進法施行後の法令等に基づいたいじめ対応のあり方や最近の状況の変化を踏まえたいじめ問題についての理解について、述べてきました。

　この第3章では、これまでの内容を前提に、深刻ないじめが生じないような学校運営をどのようにすればよいか、具体的に検討していきます。

　いじめ問題に適切に対応できるかどうかは、いじめについての相談を受けたり、異変に気付いたりしたときに、教職員がすぐに組織として動けるかにかかっていると考えられます。このような組織を作るのは、教職員一人一人の力です。しかし、そうしたときにすぐに動ける組織を作る責任は、当然校長にあります。校長が一人一人の児童生徒のことを心配し、その心配を全校の教職員と共有しながら学校運営をしていれば、学校はいじめ問題に適切に対応できるようになるはずです。

　子どもたちのためにあるはずの学校が、いじめ問題にしっかりと対応できず、結果として子どもたちを苦しめてしまうことは、あってはならないことです。ですが、現実には対応のまずさによって子どもたちに新たな苦痛を与えてしまっている学校があります。

　では、どのような学校運営が求められるのか、考えていきましょう。

1 ● 子どもを心配する組織、傾聴する生徒指導

● 校則を守らせるばかりの生徒指導になっていないか

　2015年11月、茨城県取手市の公立中学校3年生だった女子生徒が自殺しました。遺族からは自殺の背景にいじめがあったという指摘があったものの、取手市教育委員会は教育委員会会議で「いじめ重大事態ではない」という議決をする等、いじめ防止対策推進法に明らかに違反する対応を行いました。その後、文部科学省が指導をする等して取手市教育委員会は上記議決を撤回し、あらためて茨城県に重大事態調査を委託しました。2019年3月、茨城県が設置した調査委員会が調査報告書を公表し、いじめの存在が認定され、いじめと自殺との因果関係も認められました。また、担任教員をはじめとする教職員らの不適切な指導についても指摘がなされ、その後、関係する教職員等が処分されるに至りました。

　県調査委員会の調査報告書を受けて、取手市教育委員会は取手市いじめ問題専門委員会に再発防止策の提案を依頼しました。この専門委員会は2018年4月に設置された教育委員会の附属機関で、私が委員長をさせていただいています。専門委員会では再発防止策を検討し、2020年1月に提言を発表しました。その後、取手市教育委員会はこの提言に基づいた再発防止策を進めています。

　この取手市の事案から、いじめへの対応として不適切な生徒指導のあり方を確認することができます。

　この事案において、女子生徒が亡くなる直前に、他の生徒が校舎内のガラスを割る事件が発生し、たまたま居合わせた当該生徒もガラスを割った責任があるとして教員から強く叱責されました。県調査委員会の報告書によれば、他にも、他の生徒が校内にスマートフォンを持ち込んだ件で、一緒にいた当該生徒が「同じように悪い」として教員から指導されたことや、他の生徒らとともに授業に遅刻した際に当該生徒だけが呼

び出しに応じたところ当該生徒のみが教員から叱責されたといったことが書かれています。

このように、当該の学校では、生徒が規則に違反したと考えられる場合に、生徒から事情を聞くことも規則違反してしまった生徒の事情を心配することもなく、教員が叱責するばかりの対応が繰り返し行われていたことが読み取れます。しかも、指導に応じない他の生徒には叱責がなされず、指導に応じた当該生徒にだけ叱責がなされるという状況さえ見られます。言わば、生徒指導において、校則を守らせることばかりが行われ、指導に応じない者は放置される一方で、指導に応じる者についてもその生徒が抱えている困難や悩みには教員の関心が全くないのです。

本来、校則とは「児童生徒が健全な学校生活を営み、よりよく成長していくための行動の指針」（文部科学省『生徒指導提要』）です。つまり、児童生徒の健全な学校生活や成長が上位の目的であり、校則はそのための手段であるはずです。しかし、上記の例を見ると、あたかも児童生徒の健全な学校生活や成長より校則の方が重要視されているように見えます。学校がこのような状況では、いじめに苦しんでいる児童生徒が理解されることはなく、いじめへの適切な対応は期待できません。

少なくとも、学校は、**児童生徒の抱えている困難や悩みについて心配して寄り添えるようでなければなりません**。

取手市の再発防止策では、児童生徒の困難や悩みに注目して児童生徒に寄り添った対応をするための校内組織として、**「教育相談部会システムの構築」** が一つの柱となっています。生徒指導部会とは別に教育相談部会を設けている学校は多いのですが、取手市の学校では教育相談部会が設けられていませんでした。児童生徒を心配することを主目的とした組織を設けることによって、学校が児童生徒の困難や悩みに注目できるようにしたいと考え、このような提案を行いました。

● 形ばかりの反省や謝罪をさせていないか

　いじめの被害者から、加害者から謝罪をされるのが苦痛だったという話を聞くことがあります。いじめ被害を訴えた後に、教員が加害者を呼んで指導をし、被害者に対して**謝罪の場を設けて謝罪をさせる**ということがあります。しかし、このような謝罪は、被害者に新たな苦痛を与えることになりかねません。

　問題は、このような形で謝罪の場が設けられる場合、教職員は被害者の話も加害者の話もほとんど聞いていない点にあります。被害者にしてみれば、自らの苦痛について理解してもらえない上に、加害者が何を考えて自分に苦痛を与える行動をとったのかも不明なままです。そうした状況の中で謝罪がなされるということは、自分の苦痛も相手の事情も関係なく、とにかく相手を許せと求められるようなものです。被害者はこうした謝罪を不本意ながら受け入れることとなり、受け入れたこと自体を苦痛に感じることとなります。

　また、加害者についても、教員に指示されるがままに、反省し謝罪したという態度を示すことになります。加害者の背景や自身の考えは尊重されず、反省や謝罪という形式だけを求められることとなります。これでは、加害者側が抱えていたかもしれない問題は解決されませんし、加害者側は教員を信頼することが難しくなるでしょう。

　もちろん、反省や謝罪が不要だなどと言うつもりはありません。形式だけの反省や謝罪が問題なのです。いじめの加害者が反省するということは、自らの考え方や態度を振り返り、どこにどのような問題があったかを自覚し、考え方や態度を変える努力をすることであるはずです。しかし、自らの考え方や態度の問題に向き合うことには抵抗がある場合が多いでしょうし、変える努力をするのは容易ではありません。時間をかけて、教職員が繰り返し話を聞いて、本人が自らの考え方や態度と向き合い、変えていくことを支援していく必要があるはずです。こうした過程において、教員が加害者を叱責することにはあまり意味はなく、粘り

強く加害者本人が問題と向き合えるように付き合っていく姿勢が求められます。

　以上のように、いじめの問題について教職員がなすべきことは、形ばかりの反省や謝罪をさせることではなく、被害者と加害者双方の**話を丁寧に傾聴すること**です。言い換えれば、指導や解決といったことを急ぐのでなく、まず当事者に丁寧に話を聴いて、事実関係や当事者たちの考えを把握することが必要です。傾聴による確認なしに指導して解決を図ろうとしても無理があり、問題を再発させてしまったり、教職員への不信を抱かせてしまったりしてしまいます。

● 心配しあえる教員組織、傾聴する教員組織へ

　では、子どもを心配する組織や傾聴する生徒指導はいかにして可能となるのでしょうか。必要なのは、**教員組織自体が、互いを心配しあえたり互いの話を傾聴しあえたりするものとなる**ことだと考えられます。

　教員の間にも、価値観や経験の違いがあり、日常的に意見の違いが生じることがあるはずです。そうした際、管理職が他の教員の意見を聞かずに自分の考えを押し付けたり、学年主任が他の教員の疑問を聞こうともせずに学年の方針を決めたりしていたら、それぞれが気付いたことや考えたことを出し合って問題解決をすることなどできませんし、誰かにばかり負担がかかり、組織が機能しなくなる可能性もあります。組織においては個々の成員ごとに見えているものが違いますし、同じものを見ていても発想することが違います。ですから、互いの状況を心配しあい、互いの考えを傾聴しあうことが重要です。

　特に、生徒指導の課題というのは、同じように見えても一つ一つ違いがあり、多面的に分析して最善の対応策を検討することが必要です。だからこそ、生徒指導が機能するようになるためには、組織内で互いを心配し、互いの話を傾聴できるようにすることが決定的に重要と言えます。

2 ● 当事者意識としての校長のリーダーシップ

● 他人事だという印象を校長が与えていないか

　言うまでもなく、学校のいじめ対応の責任者は校長です。校長のリーダーシップの下で、学校はいじめ問題に対応しなければなりません。

　しかしながら、いじめ対応に関する校長のリーダーシップの具体的なあり方については、いじめ防止対策推進法や国のいじめ防止基本方針にも、特段の定めはありません。こうしたことのせいでもあるのか、深刻ないじめ事案が生じている場合にも、**校長の態度がどこか他人事のように見えてしまう場合**があります。調査等で学校を訪問しても、教頭ばかりが対応して校長は顔も見せないというような学校もあります。このような学校では、校長は具体的な事実をほとんど把握していませんし、関係教職員に具体的な対応を指示してもいません。あるいは、人が良さそうで言葉の上ではいじめの問題をなんとか解決したいという話はしているのですが、内容に具体性がなく、どのように解決しようとしているのかが伝わらない場合もあります。

　いじめ問題が深刻化し、被害者側の保護者や本人が校長と面談する場合があります。その際に、校長がいじめを他人事だと考えている印象を与えたとすれば、そのこと自体がいじめへの対応として深刻な問題です。校長の態度が被害者側に絶望を与え、場合によっては怒りを生じさせ、学校と被害者側が協力して対応に当たることを不可能にしてしまいます。校長が他人事のような態度をしていることは信頼を失墜させる行為となりえ、いじめ対応の妨げになる可能性があるということを、確認しておきたいと思います。

● 校長に求められる責任者としての当事者意識

　逆に言えば、**校長が当事者意識をもつこと**が、いじめ対応における校長のリーダーシップに関して重要な点であると言うことが可能です。こ

こで言う「当事者意識をもつ」とは、次のようなことを言います。

　まず、**児童生徒が苦痛を覚えている状況がないかを、自ら積極的に把握しようと努めること**です。日常的に各教職員から児童生徒が苦痛を覚えている事例の報告がなされるようにした上で、校内をまわって児童生徒に気になる様子がないかを見たり、教職員に声をかけて気になる児童生徒の様子を聞いたりして、苦痛を覚えている児童生徒がいないかの把握に努めます。ただし、児童生徒の苦痛ばかりに目を向けていては児童生徒や教職員も奇妙に感じるでしょうから、児童生徒の活発な様子や落ち着いていて学習に取り組む様子なども把握することも、もちろん行います。なお、この時点で教育委員会の担当者に一報を入れておくことも必要です（教育委員会との連携については本章4で述べます）。

　次に、いじめの可能性のある事案について報告を受けたときに、**法令や方針等を意識しつつ、被害者が安心して生活できるようにするために何が必要かについて、他の教職員に任せきりにするのでなく、自らの責任において判断をすること**です。事実に不明な点がある場合には事実確認をどのように行うかを決め、被害者が不安を抱えているようであればその不安を解消するために何を行うかを検討し、加害者と考えられる児童生徒に対する指導をどのように進めるかの方針を立て、被害者や加害者の保護者にどのように説明するかも決めていく。こうしたことを、他の教職員に任せきりにせず、他の教職員の意見を聞きつつ校長の責任で決めます。

　そして、**被害者・加害者双方の保護者や本人と会って話をする必要性について、他の教職員の意見を聞きつつ自ら判断し、協力して問題の解決にあたれる状況をつくります**（保護者との関係については本章3で述べます）。

　これら以外にも、当然ながら、学校いじめ防止基本方針の策定や見直しを行い、方針に沿って予防策やいじめ対策組織の対応等が進められるようにすることも、もちろん重要です。

● 問題ある校長の状況とは

　深刻ないじめ事案において、被害者やその保護者が校長に対して不満を抱いている例は多く聞かれます。その中の代表的なものを見ていきましょう。

○いじめ防止対策推進法を知らない
○学校いじめ防止基本方針の内容を把握していない
○学校のいじめ対策組織がどうなっているのか理解していない

　被害者側から見れば、学校はいじめ防止対策推進法に則り、学校いじめ防止基本方針に基づいて、いじめに対応してくれるものと考えるのが当然です。また、いじめ防止対策推進法や学校いじめ防止基本方針等、関連する法令やガイドラインはほとんどインターネットで公開されており、児童生徒や保護者は容易に入手できるので、これらを確認した上で校長との面談に臨む場合もあります。にもかかわらず、校長がこれらの内容を理解していないのでは、児童生徒や保護者の信頼を得ようとしても難しいでしょう。また、「いじめ防止対策推進法のいじめの定義はおかしい」「あの基本方針は教育委員会が作ったままだから」などと、法令や方針を批判したり軽視したりするような言動が校長からなされる場合も見られます。こうした言動は論外であり、このような言動があった場合には学校と児童生徒・保護者の間で信頼関係を再構築するのは容易ではありません。

○児童生徒間のふざけあいやケンカとしていじめを軽視する
○加害者が謝ったことをもって問題が解決したと考える

　児童生徒間のトラブルは、大人から見ると小さな問題に見えてしまうことがあるのか、いじめ事案について事実を把握しないうちから、事態

を軽視するような発言を校長がしてしまうことがあります。ここに記したように、ふざけあいやケンカのように互いに非があるように見える場合に、被害を訴えている方にも問題があるとして、真剣に対応しない場合が見られます。また、本章1で述べたように、加害者が反省し謝罪することを性急に進め、謝罪がなされたことをもって問題が解決したことにしてしまう場合も見られます。校長がこのように事態を軽視してしまうと、教職員が問題の深刻さを感じていても共有することが難しくなり、学校としての対応が不十分になることにつながってしまいます。

○部活動等を治外法権としてしまう

　中学校や高校の部活動でのいじめが問題になることがありますが、部活動は教員の熱意に支えられている部分があったり、学校の事情で特定の教員に負担を強いている面があったりするせいか、部活動でのいじめに校長が及び腰になっているように見える場合があります。しかし、部活動は課外活動であるとは言え、そこで起きたいじめについても学校は対応する責任を負いますので、部活動を治外法権にしてしまうような態度は許されません。部活動におけるいじめについて、顧問に任せきりにするようなことはせず、組織的な対応を進める必要があります。また、そもそも部活動への介入に及び腰になるような状況はまずいので、教員に過度な負担が生じないよう、部活動のあり方を変えていくことも求められます。

3 ● 保護者との信頼を構築するために何ができるか

● 保護者はいじめの解決を求めている

　深刻化したいじめ事案では、保護者が学校に対して強い不信を抱いていることが多くあります。被害を訴えているのに学校が何もしてくれないように感じられれば、被害者の保護者が不満を抱くのは当然です。他方、学校がなんとかしようとしていても、保護者が学校に不信を抱くことがあります。いずれにしても、**保護者が学校に不信を抱くような状況ができてしまうことは、いじめ対応を難しくします**。当然ながら、学校と保護者が信頼していじめ対応を進められることが学校にも保護者にも望ましいはずです。保護者から不信を抱くということは、学校の対応のあり方に改善の余地があることを意味していると考えられます。

　被害者の保護者が教職員に最初に相談を行う際のことを考えてみましょう。保護者としては、子どもがいじめ被害に遭っていると考えて相談している場合もあれば、いじめという認識なく子どもの様子が心配で相談している場合もあります。この段階で保護者としては、学校側が問題を共有してくれた上で、対応について相談し、学校でできることについては実際に取り組んでくれることを期待するでしょう。

　しかし、実際の学校の対応には、こうした保護者の期待を裏切るものが見られます。たとえば、保護者はいじめがあると考えているのに、確認もせずにいじめがあることを教職員が否定してしまうことがあります。あるいは、保護者からの相談を学校に対する苦情と捉えてしまうのか、学校としては精一杯やっているなどと言い訳じみたことを言ってしまうことがあります。それなりに保護者の話を聞いていても、学校として何をするかが不明確に感じられる場合もあるようです。

　当然ですが、教職員がこうした態度を見せてしまうと、保護者としては、学校はいじめ問題を解決しようとするつもりがあまりないという印象を抱いてしまいます。そうなれば当然、学校への信頼も失われてしま

うでしょう。いったん学校への信頼が失われてしまうと、学校と保護者とが協力していじめ対応を進めることが困難となってしまい、事態が深刻化、長期化してしまうことになってしまいます。

● 法令や方針に則った対応を提案する

では、保護者から相談があった場合、学校はどのように対応すればよいのでしょうか。基本的には、**いじめ防止対策推進法をはじめとする法令や、学校いじめ防止基本方針に則った対応を進めることを提案する**ことだと考えられます。

保護者からいじめ被害を受けているという申し出があった場合には、いじめ防止対策推進法第8条に「当該学校に在籍する児童等がいじめを受けていると思われるときは、適切かつ迅速にこれに対処する責務を有する」とあることを踏まえ、保護者からの申し出を丁寧に聴き、学校として責任をもって対処したいということを伝えることになるはずです。このときに、いじめの事実があるかどうかを確定する必要はありません。いじめ防止対策推進法第23条第2項には、「前項の規定による通報を受けたときその他当該学校に在籍する児童等がいじめを受けていると思われるときは、速やかに、当該児童等に係るいじめの事実の有無の確認を行うための措置を講ずる」とあります。ここで「前項の規定による通報」とあるのは、教職員や保護者等がいじめの事実があると思われる際に学校に行う通報のことです。保護者から申し出があったということは、ここで言う「通報」があったということになるので、学校はいじめの事実の有無の確認を速やかに行うことになります。

いじめがあることについて、保護者が**証拠となるもの**を提示してくれる場合もあります。ネットいじめの場合のSNS等のスクリーンショット、いたずら書きをされたり壊されたりした文房具等です。こうした証拠となるものがあればいじめがあることはほぼ確認できると言えますが、基本的にはいったん証拠を預からせてもらう等した上で、いじめ対策の

会議等、管理職がいる場で学校としていじめの事実があったことを確認するという手順を踏むべきでしょう。

　なお、当然ですが、第1章2で確認したように、いじめの定義はいじめ防止対策推進法第2条第1項によります。ただし、必ずしも「いじめ」の語を使用して対応する必要はありません。保護者には法律上の「いじめ」に該当するということを説明した上で、「いじめ」という語を用いて対応するか否かについては別途相談するとよいでしょう。

　以上のように、保護者に対応する教職員が、法令や方針に則ってしっかりと対応するという一貫した態度をとっていれば、保護者からの信頼を損ねるようなことにはなりにくいと考えられます。

● いじめへの対処は共通理解に基づいて進める

　いじめの事実が確認できた後には、いじめ防止対策推進法第8条等で言う**いじめへの対処**を進めることとなります。この対処の具体的内容について、いじめ防止対策推進法第23条第3項に、「いじめをやめさせ、及びその再発を防止するため、当該学校の複数の教職員によって、心理、福祉等に関する専門的な知識を有する者の協力を得つつ、いじめを受けた児童等又はその保護者に対する支援及びいじめを行った児童等に対する指導又はその保護者に対する助言を継続的に行う」とされています。

　いじめの事実が確認された後の対応では、法のこの規定に則り、国や地方・学校の方針に沿って対応します。教育委員会等と相談して必要に応じて外部の専門家の協力を得ることも求められますが、基本的には学校の教職員がこうした対処を行うこととなっています。

　対処の具体的な進め方については**保護者の理解**を得ることが重要です。特に、被害を受けた児童生徒をどのように守るか、加害者と考えられる児童生徒に対してどのように指導するかといった点について、学校側で進め方をよく考えた上で、被害者側の意見も聞き、合意の上で対処を進められるようにする必要があります。

この際、被害者側からは加害者と考えられる児童生徒に対して厳しい指導や謝罪を求めることがあるかもしれません。しかし、本章1で検討したように、いじめを行ったと考えられる生徒に対して、**厳しい指導をしたり性急に謝罪をさせたりしても、さらなる被害を防いだり被害者の苦痛を止めたりすることはなかなか期待できません**。学校としては、被害者を守り加害者が再び同様の行為をしないようにしたいという基本的な考え方を被害者側の保護者と共有した上で、加害者と考えられる者に対していつまでにどのような指導をしたいと考えるのかを説明し、合意を得ることが求められます。一定の指導をしても被害者側にまだ不安が残るようであれば、あらためて対応を協議するということを決めておくとよいかもしれません。

　また、被害者側から、自分たちが学校に相談したことを**他の児童生徒に知らせないようにして対応してほしい**という要望が出されることもありえます。もちろん、こうした要望に応えて、別の児童生徒から情報提供があって学校がいじめがあることを知ったということにして、対処を進めることはできるかもしれません。しかし、被害者側からの相談があったことを隠す場合、加害者と考えられる児童生徒への指導や学級等全体への指導において、言えないことが多くなってしまい、対処に制約が生まれるという面もあるはずです。このような場合、いったんは被害者側からの相談があったことを隠して対処を進めて状況を確認し、そうした制約の中で十分な対処ができないということであれば、あらためて被害者側と学校とで進め方を検討するということにしてもよいでしょう。

　被害者の保護者に対して学校が行うべきことは、法令や方針等に則った対処を保護者との共通理解に基づいて進め、被害者が安心して学校生活を送れる状態を回復できるようにすることです。このように、いじめ問題の解決に向けて着実な対処ができることこそが、保護者との信頼関係を構築し、維持するために必要だと言えます。

4 ● 教育委員会とどのように連携するか

● いじめ発生をいつどのように報告するのか

　いじめ防止対策推進法第23条第2項では、学校がいじめの事実の有無を確認するための措置を講じた場合、「その結果を当該学校の設置者に報告するものとする」とされています。公立学校の場合には教育委員会にいじめの事実の有無を報告することになります。

　実務上、**この報告をいつどのように行うかは悩ましい**ものです。いじめ防止対策推進法のいじめの定義は広く、学校によっては年間100件以上のいじめを認知することがあります。いじめの有無を確認した結果、いじめの事実が確認されなかったという場合もありえます。こうした事案のすべてについて、いじめの事実の有無を確認してすぐに教育委員会に報告するというのは無理があります。また、いじめの事実がなかった場合にも教育委員会に報告する必要があるのかも、悩ましいところです。いじめ防止対策推進法にも国のいじめ防止基本方針にも、いじめの事実の有無確認後の報告をいつどのように行うのか等についての具体的な定めはなく、事実上、報告の時期や方法については学校に委ねられてしまっている状況が見られます。

　しかし、報告の時期や方法を学校にすべて委ねてしまうと、報告が遅れることとなりかねません。いじめ防止対策推進法第24条には、教育委員会等の学校の設置者の責務として、学校から報告を受けたときには、「必要に応じ、その設置する学校に対し必要な支援を行い、若しくは必要な措置を講ずることを指示し、又は当該報告に係る事案について自ら必要な調査を行うものとする」と定められています。この規定を踏まえれば、学校から教育委員会への報告が遅れることによって、教育委員会が必要な対応をとることが妨げられることは避けられるべきでしょう。

　以上のことから、いじめの事実の有無を確認した後の学校から教育委員会への報告の時期や方法については、教育委員会による指導等がなさ

れる可能性の有無によって分けるしかないように思われます。すなわち、学校の対処に困難が生じていたり、解決に時間がかかることが想定されたりするような場合には、いじめの事実があることが確認された時点で速やかに教育委員会に報告することが必要であり、その場合には事務的な報告でなく、その後の対処について教育委員会担当者からの助言を得ることも含めて丁寧に報告することが必要と考えられます。他方、学校の対処に特段の困難が生じておらず、解決に時間を要しないと考えられる場合には、一定の件数をまとめて事務的に報告するのが現実的であるように思われます。

　ただし、こうした対応は法令や方針等によって具体的に根拠づけられているものではないので、すぐに報告するかどうか等について、後から学校の判断が不適切だったという指摘を受ける可能性があります。学校としては、できるだけ迅速にある程度詳しく教育委員会に報告しておくしかないとも言えます。本来、法令や方針等で報告の時期や報告を実務的にどうするかの根拠となるような規定がほしいところです。

● 教育委員会の対応能力を知っておく

　いじめの対応全般に関して、学校は教育委員会等の学校設置者と連携することが求められています。しかし、学校と学校設置者との関係は、地域や学校によって多様です。学校数が多い自治体においては、公立学校と教育委員会との間で心理的な距離がある場合が多いかもしれません。他方、学校数が少ない自治体では、学校と教育委員会とが頻繁に連絡をとっているということがあるでしょう。

　また、教育委員会担当者の専門性も、教育委員会によってさまざまです。いじめを担当する指導課等の部署にいる職員の中に深刻ないじめ事案への対応の経験や、医療、心理、法律等の専門家との関わりが多い者がいる場合もあれば、そうした経験や関わりに乏しい者ばかりという場合もあるでしょう。

教育委員会のいじめへの対応能力は多様だと考えられますし、そうした対応能力を学校がどの程度認識しているかもさまざまです。しかし、対処に苦慮するいじめ事案がひとたび発生すれば、学校は教育委員会と連携して対処を進めなければならないので、学校が教育委員会のいじめ対応能力を把握していないままではリスクが高いと言えます。

　このリスクを低減させるためにも、学校はいじめを含むさまざまな案件について、積極的に教育委員会に相談をし、教育委員会からの支援を受けるようにすることが望ましいと考えられます。もちろん、教育委員会の協力の必要がないことについてまで相談した方がよいなどということはありません。しかし、たとえばいじめの被害者や加害者に発達障害や精神疾患が疑われる際にどのように医療機関につないだらよいか、被害者の保護者が加害者の懲戒処分を求めているがどのように考えたらよいか、被害者に対する情報提供がどこまでであれば法的に許されるのか等々、いじめ等の案件への対処の過程で、学校だけでは判断が難しい点は多くあるはずです。そうした点について積極的に教育委員会に相談し、必要に応じて医療、心理、福祉、法律等の専門家を紹介してもらう等することは、目前のいじめ事案への対応においても重要ですし、結果的に教育委員会のいじめ対応能力を学校側が知ることにもつながります。教育委員会の側でも、学校からの相談に対応することを通して、いじめ対応能力を高めることができます。

　深刻な状況に適切に対応するためには、それほど深刻でない状況での対応について経験を重ねておくことが重要です。そして、そうした経験の中で不足している点が明らかになったのであれば、改善をすることも必要です。

● 教育委員会が法令に従わない場合、何ができるか

　最悪の事態も考えておきましょう。**教育委員会が、いじめ防止対策推進法等の法令に従わない場合**があります。前出の取手市教育委員会のよ

うに、いじめ重大事態に明らかに該当する事案を重大事態でないとした例があります。また、埼玉県の川口市教育委員会は、裁判でいじめ防止対策推進法に欠陥があると主張する等、法令に従った対応を公的な場で否定する態度をとり、文部科学省から指導を受けています（朝日新聞2019年10月25日参照）。神戸市教育委員会では、いじめの調査に関するメモを隠蔽したことが判明しています（産経新聞2018年6月6日参照）。行政組織である教育委員会が法令違反をすることなど考えられないはずなのですが、現実にはこうした法令違反の事例が数多く見られます。残念ながら、教育委員会が法令を遵守することを前提にできるとは限らないのが現状です。

　では、教育委員会が法令に違反した対応をしようとしている場合に、学校はどうすればよいでしょうか。法令違反の対応に従うことは、学校も法令違反に加担したことになると考える必要があります。学校が最優先すべきなのは、教育委員会の法令違反の指示に従うことでなく、法令に従い、児童生徒の権利を守ることであるはずです。教育委員会の対応に法令違反が疑われるのであれば、学校は教育委員会側と粘り強く交渉して、教育委員会が法令に従った対応を進めるよう促すべきでしょう。それでも教育委員会が法令違反の対応を続けようとするのであれば、内部告発をする、都道府県教育委員会や文部科学省に相談する等、学校としてできることがあるはずです。

　条件は異なりますが、私自身、千葉県の流山市のいじめ対策調査会の会長をしていた際、流山市教育委員会が法令に則った対応を行わず、会長の立場で教育委員会に申し入れても改善がなされなかったことから、会長退任後に文部科学省で記者会見をして、市教委の法令違反の対応を告発したことがあります。市教委は正式なコメントを出しておらず、明確な改善がなされているとは考えにくいですが、こうしたことを重ねていかなければ事態は悪化する一方だと考えています。

5 ● いじめが生じにくい学校をつくるとは

● 気に入らないことと苦痛を与えることとを切り離す

　いじめが生じにくい学校とは、「**正当な理由による場合以外で、他者に苦痛を与えることは許されない**」**という原則**が徹底している学校と考えられます。言い換えれば、他者から苦痛を与えられるような状況を拒否することが許される学校とも言えます。

　こうした原則は、市民社会では当然のことです。気に入らないからといって、他者に暴力を振るったり他者の持ち物を壊したりすれば、暴行や器物損壊といった犯罪になります。公然と他者の悪口を言えば侮辱罪や名誉毀損罪になりえますし、しつこくつきまとえばストーカー規制法違反に問われるでしょう。他者から苦痛を与えられる状況にある人は、他者の行為を拒否できることは当然ですし、警察等に救いを求めることができます。

　学校においては、こうした原則が機能しにくい状況がありえます。相手が学級の活動や部活動に非協力的だから悪口をネットに書いたとか、相手が自分を馬鹿にしているように思ったから殴ったというように、気に入らない相手に対して苦痛を与えることを児童生徒が正当化しようとする場合があります。苦痛を与える方法についても、暴力等の犯罪に該当する行為でなく、無視をしたり嘲笑したり、相手が入っていないLINEグループを作ったりというように、犯罪には該当しそうもない行為による場合があります。こうしたことが横行してしまうのでは、「正当な理由による場合以外で、他者に苦痛を与えることは許されない」という原則が機能しているとは言えません。

　学校において重要なことは、**他者に対して気に入らないという感情が生じることと、他者に苦痛を与えるということとを、切り分けられるようにする**ことであるはずです。たとえば、学級の活動や部活動に非協力的な者がいて、熱心に活動している者が非協力的な者に対して気に入ら

ないと思うことはありえます。ここで、協力が得られないことは、非協力的な者に苦痛を与えることを正当化しない、ということが確認されねばなりません。協力が得られない状況を問題だと考えるのであれば、他者に苦痛を与える以外の方法での問題解決策を考えることになるはずです。仮に協力を得ないと自分たちが困るのであれば、粘り強く交渉して協力を得られるように努力することになるでしょう。協力する者としない者とがいて不公平なのが問題だということであれば、協力した人が報われる仕組みを作るなり、協力することで学べることが多いということを確認して不公平が問題ではないことを理解できるようにしたりすることがよいでしょう。このように、他者を気に入らないこととその他者に苦痛を与えることとを切り離し、苦痛を与える以外の方法で問題解決を図れるようになることが求められます。

　しかし、家庭でも学校でも、こうした問題解決の方法が丁寧に指導されることは一般的ではないように思われます。気に入らないことがあっても我慢しろという保護者や教員が多いのではないでしょうか。日本の社会では我慢が美徳のように言われることがありますし、ある程度の忍耐力が必要だということは否定されません。しかし、我慢ばかりを強いて問題解決の能力を育てることがなされていないとしたら、それはまずいでしょう。我慢できずに暴力を振るう者もいれば、我慢した結果、うつ病などになってしまう者もいます。我慢を強調しすぎるのでなく、気に入らない状態を解決できるようにしてあげることが求められます。

● 大人にも求められる問題解決能力

　気に入らないことと苦痛を与えることとを分け、気に入らないことに関わる問題を解決できるようにすることは、児童生徒だけでなく大人にも問われるべきことです。職場でのハラスメント、家庭内のDV、ネットでの誹謗中傷など、気に入らない相手に苦痛を与えているとみなせる例が、多く見られます。建前とはしてはともかく本音において、気に入

らない他者には苦痛を与えてよいという歪んだ考え方が、まだまだ支配的なのかもしれません。

　教員の児童生徒に対する態度に関しても、同様の問題が見られます。教員が気に入らない児童生徒を差別し、そうした児童生徒に対して、否定的な言葉を浴びせたり無視したりする例が多く報告されています。また、児童生徒の態度に感情的になり、暴力を振るったり強く叱責してしまったりすることも多いようです。教員がこのように児童生徒に苦痛を与えることが繰り返されるのは、苦痛自体が問題であることに加え、気に入らない相手には苦痛を与えてよいとか、苦痛を与えられても我慢するしかないといった偏った考え方をもたせてしまうことも考えられます。これでは、教員の態度がいじめを助長することになってしまいます。

　また、教員間でも、気に入らない教員に対して執拗な嫌がらせがなされる等の状況が見られます。こうした教員集団においては、気に入らない相手には苦痛を与える、苦痛を与えられても我慢するといった歪んだ考え方が広がってしまっているものと言えます。

　教員のこうしたあり方は、集団の中で同質性が重んじられ、「空気」を読んでメンバーが集団のあり方に同調することが期待され、うまく同調できない者には制裁を加えているものと見ることができます。このような同調圧力がなければ、理不尽な負担が多く課せられる教員集団を維持することが難しかったという面もあるのかもしれません。しかし、同調圧力に頼る教員集団に、多様性を前提として、気に入らない他者との関係に関する問題解決能力を高めることを期待するのには無理があります。

● 教員の処遇を改善することの重要性

　日本の学校教員の労働時間の長さは、先進国最長であり、「過労死ライン」を超えて働く教員が多いことが問題となっています。このような状況の中で、教員にいじめ対応に関しても負担を強いるというのは、無

理があるように思われます。

　近年、「学校における働き方改革」が謳われ、教員の業務の効率化や負担の軽減が試みられていますが、現状では道半ばです。授業、学校行事、事務作業、会議といった一定時間が必要となる業務に加え、授業の準備や個々の児童生徒や保護者への対応、そして部活動指導等、時間をかけられるならかけたくなるような業務が多くあります。一般企業であれば、業務が多くても基本的に勤務時間内に終えるようにし、時間外労働が発生してもそれだけ時間外労働手当が発生するので管理者は時間外労働を抑制しようとするはずです。しかし、公立学校の教員には**給特法**（公立の義務教育諸学校等の教育職員の給与等に関する特別措置法）の規定で時間外労働手当相当分が定額で支給されることとなっているため、時間外労働がなかなか抑制されません。こうして、教員の長時間労働に歯止めがかからない状態が続いてきました。これでは、家庭の事情等で早く帰る必要がある教員や、本人の考えで効率よく仕事を終えて他の活動に時間を使いたい教員は、児童生徒のためにできることがあるのを切り上げて帰っているとみなされかねませんし、早く帰る教員の分も長時間働ける教員が働いていると理解されかねません。そして、多くの教員が我慢して許される限りの時間働くということになってしまいます。

　本来は給特法の規定を廃止して、教員の時間外労働にはその対価としての手当が支給されるようにするとともに、業務の見直しを行って時間外労働が抑制されるようにすべきです。我慢して長時間働くことは美徳ではなく、与えられた時間の中で、各個人の能力に応じて必要な業務を遂行できるようにするのが、本来のあり方でしょう。校長の権限でできることは限られるかもしれませんが、多様な背景のある教員がそれぞれ無理なく働けるようにすることなしには、児童生徒の多様性が尊重され、適切に問題を解決していじめが発生しにくい学校を作るということは、難しいと考えられます。

いじめ重大事態にどう対応するか

　いじめ防止対策推進法は、いじめによって児童に重大な被害が生じた疑いがあると認められるときに、重大事態として対応することを求めています。

　令和元年度の重大事態の発生件数は723件です。全国で数万校の学校があることを思えば、重大事態は滅多にないものと思われるかもしれません。しかし、本来は重大事態として扱われるべきであるにもかかわらず、重大事態として扱われていない事案がかなりある可能性が否定できません。学校や教育委員会等が積極的に重大事態としての対応を進めるようになれば、重大事態の件数は大幅に増えるかもしれません。このように考えれば、重大事態は決して珍しいものとは言えません。

　重大事態に該当する事案が起こったとき、学校でどのように対処したらよいのでしょうか。この章では、学校の重大事態への対応のあり方について考えていきます。

1 ● 法的義務と道義的責任

● ガイドラインに沿った対処を

　いじめ防止対策推進法第28条第1項において、いじめによって児童生徒の「生命、心身又は財産に重大な被害が生じた疑いがあると認めるとき」（第1号事案、生命心身財産重大事態）及びいじめによって児童生徒が「相当の期間学校を欠席することを余儀なくされている疑いがあると認めるとき」（第2号事案、不登校重大事態）を「重大事態」と定義し、学校の設置者あるいは学校による調査を義務付けています。

　現在、重大事態への対処に関しては、2017年3月に文部科学省が出した「**いじめの重大事態の調査に関するガイドライン**」を参照することがよいと考えられます。このガイドラインは法律そのものではありませんのでこれ自体に法律と同等の効力があるとは言えませんが、法が定める重大事態への対処について具体的に定めているものですので、このガイドラインに沿って対応していれば学校は法的義務を果たしたと言えるものと考えられます。以下、このガイドラインを踏まえ、学校が果たすべき義務について確認していきましょう。

　学校及び学校設置者（教育委員会等）は、重大事態に該当する事案が発生した場合には、主に以下のことを行う必要があります。

(1)　学校から学校設置者に発生報告を行う。学校設置者は当該地方公共団体の長（国立学校においては文部科学大臣、私立学校においては都道府県知事）に発生報告を行う。

(2)　学校設置者は、学校を支援する。

(3)　学校設置者は、調査組織を学校主体とするか学校設置者主体とするかを決める。学校設置者が主体となる場合には、教育委員会の附属機関において調査を実施するか、個々の事案について第三者機関を立ち上げて調査を実施するかのいずれかとなる。学校が主体とな

る場合には、学校のいじめ対策組織に第三者を加えるか、学校が第三者委員会を立ち上げるかいずれかとなる。

（4）　学校、学校設置者あるいは第三者委員会より、被害児童生徒や保護者に対して、必要事項（調査の目的・目標、調査主体、調査時期・期間、調査事項・調査対象、調査方法、調査結果の提供）を説明する。加害児童生徒やその保護者にも同様の説明を行う。

（5）　被害児童生徒や保護者等に対して、必要に応じてケアを行う。

（6）　調査を実施し、学校設置者及び学校に対して調査結果を提出する。調査記録を各地方公共団体の文書管理規則等に基づき、保存する。被害児童生徒や保護者に対しては、調査実施中に経過報告を行う。

（7）　調査結果について、被害児童生徒及びその保護者に対して、情報提供及び説明を行う。また、被害児童生徒及び保護者にあらためて確認した後、加害者側へも必要な説明を行う。

（8）　学校設置者及び学校は、調査結果及びその後の対応方針について、地方公共団体の長等に報告・説明する。この際、被害児童生徒や保護者は所見を提出することができる。公立学校の場合には、教育委員会会議において議題として取り扱い、総合教育会議において議題として取り扱うことも検討する。私立学校の場合においても、総合教育会議において議題として取り扱うことを検討する。

（9）　調査結果については、事案の内容や重大性、被害児童生徒及びその保護者の意向、公表した場合の影響等を総合的に勘案し、特段の支障がなければ公表する。被害児童生徒及びその保護者に対して、公表の方針について説明を行い、公表する場合には公表の仕方及び公表内容を確認する。

（10）　調査結果を踏まえ、被害児童生徒に対するケアや加害児童生徒に対する指導や懲戒を必要に応じて行う。また、再発防止に取り組む。

　こうした対応を進めるためには、あらかじめ**調査組織のあり方等**につ

いて、教育委員会と学校とで協議する等して、見通しを立てておく必要があります。特に、不登校重大事態においては、概ね30日の欠席の時点で重大事態とすることになっていますが、いじめ被害を理由として10日以上の欠席が続き、登校再開の目処が立っていない場合には、重大事態として対処することを念頭に置いて教育委員会と学校とで協議し、調査組織に関する準備等を行っておくべきでしょう。教育委員会の附属機関が設置されていてそのまま調査に当たることができる状況であればまだしも、外部の専門家を探すところから始めるとなるとかなりの時間が必要となります。対処が遅れて被害が長期化することを避けるためにも、早めに外部の専門家への依頼をしておく必要があります。

● 守るべきものは何か

　重大事態をめぐっては、重大事態の要件を満たしているのに重大事態としての対応がなされなかったり、重大事態の調査が遅々として進まなかったり、重大事態の調査に対して教育委員会が非協力的であったり、調査において被害者側からの聞き取りや被害者側への説明がおざなりであったり等、さまざまな問題が指摘されています。このような問題が起きてしまう背景には、いじめ防止対策推進法やガイドラインについての無理解があり、さらには学校の道義的責任についての無自覚があると考えられます。

　象徴的な例として、福島市の事例を挙げることができます。福島市立小学校の児童がいじめ被害に遭って不登校となった事案について、福島市教育委員会は重大事態に該当しないとして、第三者委員会による調査を行わない判断をしました。その根拠として福島市いじめ防止等に関する条例第20条において、重大事態としての調査は、「重大事態が発生し、若しくは発生した疑いがあると申立てがあった場合であって必要があると認めるとき」に重大事態として調査すると定められていることを挙げています。この事案では、重大事態が発生したという申立てはあったも

のの、学校による事実確認で重大事態ではないとされたことから、市教委は「必要がある」とは認めなかったので、重大事態としての調査を行わないことにしたとのことでした（読売新聞2020年9月18日等）。条例の解釈が市教委の説明の通りだとすると、福島市は法律に反した条例を作っていることになり、問題です。なお、この事案については、その後、被害者が自殺企図した事実があったことを理由に重大事態として対処する「必要がある」と判断を変更し、重大事態としての調査が行われることとなっています。

　こうした事例では、学校や教育委員会が、被害者側の話を丁寧に聴くことなく、一方的に自分たちの主張を押し付けているように見えます。被害者側としては、いじめ被害で苦しんでいる上に、さらに自分たちの話を聞いてもらえず本来必要な対処もなされないことになるわけですから、学校や教育委員会から二次的な苦痛を与えられていると言えます。

　重大事態の要件を満たすような事態においては、被害者にすでに深刻な苦痛が生じています。なぜそうなってしまったのかは不明であるとしても、学校に通っていたことによって被害が生じていることは確実なのですから、**学校や教育委員会には被害者に対する道義的責任がある**はずです。被害者側にそれ以上の苦痛を生じさせないようできるだけのことをすべきなのは当然であり、その出発点が重大事態としての対処を進めることです。学校や教育委員会が重大事態としての対処をためらったり否定したりするのでは、被害者側でなく、自分たちの立場や体面を守ろうとしていると理解されて仕方がないでしょう。しかし、自分たちを守ろうとすればするほど、被害者側からは信頼を失い、事情を知った人たちから批判され、結果的には学校や教育委員会は自分たちを貶めていくことになります。もちろん調査は中立的に行われなければなりませんが、被害者側の話を丁寧に聴き、調査結果に対しても意見を出してもらうということを行うことがなければ、調査は中立ではなく被害者側を不当に傷つけるものにしかならないはずです。

2 ● 重大事態調査の実際とは
～学校が調査の主体となる場合～

● 迅速に調査に着手できるか

　重大事態の調査にあたる組織は、**学校主体となる場合**と**学校設置者主体となる場合**の両方がありえます。学校主体となる場合には関係者への聴き取り等を教職員が中心となって行うことができるので、迅速に調査に着手し、相対的に短期間で調査を終えることが可能となります。しかし、学校主体の調査では、校内の教職員が児童生徒や教職員に第三者的な立場から話を聴くことが難しいため、外部の専門家に第三者として適切に加わってもらうことが必要となります。他方、学校設置者による調査の場合には第三者委員会によって調査が行われるようになりますが、新たに第三者委員会を設置する場合は設置までに相当の時間が必要ですし、既存の附属機関が調査にあたる場合も含め、学校外の構成員による聴き取りや打ち合わせの日程調整が難しく、調査に時間がかかります。こうしたことから、被害者側が学校に強い不信を抱いていて教職員に調査を委ねられないと考えている場合には調査組織を学校設置者主体とし、そうでない場合には学校主体とすることが多いようです。以下、学校が調査主体となった場合の重大事態調査の実際について見ていきます。

　多くの場合、学校が調査主体となることが正式に決まる前に、校長等が被害者の保護者と面談する等して、重大事態として学校設置者に発生報告をして調査がなされることについて説明し、合意が得られているものと考えられます。この段階で、校長等から、調査主体が学校設置者となる場合と学校となる場合があることを説明し、調査主体やその他調査のあり方（誰に聴き取りを行うか等）に関する被害者側の要望の有無等を確認しておくとよいでしょう。学校設置者に発生報告をする際に、被害者側の要望を合わせて伝えると、あらためて被害者側の要望を確認する必要がなくなります。また、発生報告を行う段階で、学校が把握して

いる事実を発生報告書に簡潔に記すとともに、会議の記録、いじめアンケートの回答用紙等、関連する資料を収集してファイリングしておくと調査が円滑に始められます。

　学校設置者が学校を調査主体とする決定を下した場合には、学校としては学校設置者との間で調査の方針全般について相談をし、一定の方針を立てることとなります。既述のように、文部科学省の「いじめの重大事態の調査に関するガイドライン」では、**調査開始時点で被害者側に、調査の目的・目標、調査主体、調査時期・期間、調査事項・調査対象、調査方法、調査結果の提供について説明すべき**こととなっています。これに合わせて、調査の方針を決めておくとよいでしょう。

　上記の項目のうち、調査主体は学校と決まっているのですが、学校における調査組織の顔ぶれについても確認が必要です。学校が調査主体となる場合の調査組織は、**学校のいじめ対策組織に第三者が加わる場合**と新たに学校が第三者委員会を立ち上げる場合とがありますが、新たな組織を作るのであれば学校が主体となるメリットがあまりありませんので、学校のいじめ対策組織に第三者が加わる場合が多いと考えられます。第三者としては、心理、法律、教育等の外部の専門家が考えられますが、具体的に誰に何をしてもらうのかについて、学校と学校設置者との間で相談し、ご本人に内諾を得ておく必要があります。

　以上を決めることができたら、あらためて被害者側に調査の方針について説明し、被害者側の意見を踏まえて必要に応じて修正し、合意を得ることが必要となります。ここまでの手順を迅速に進めることができれば、実質的な調査に早く着手することが可能となります。

● **被害者側から指摘があった点をすべて取り上げる**

　重大事態の調査の目的は、いじめ防止対策推進法第28条第1項に定められているように、「当該重大事態に係る事実関係を明確にする」ことです。この「事実関係を明確にする」ということについて、国のいじ

め防止基本方針では次のように記されています（下線は引用者による）。

　「事実関係を明確にする」とは、重大事態に至る要因となったいじめ
行為が、いつ（いつ頃から）、誰から行われ、どのような態様であった
か、いじめを生んだ背景事情や児童生徒の人間関係にどのような問題
があったか、学校・教職員がどのように対応したかなどの事実関係を、
可能な限り**網羅的**に明確にすることである。この際、因果関係の特定
を急ぐべきではなく、客観的な事実関係を速やかに調査すべきである。

　ここで**「網羅的」**とあることに注目しましょう。関係すると考えられ
る児童生徒や教職員が知り得たことについては、アンケート調査や聴き
取りによってすべて把握することが求められていると言えます。実務的
には、被害者側から申し立てがあった事柄について、事実であったのか
どうかの確認がなされないまま、調査報告書に反映されないことが、問
題となる事例が目立ちます。事実関係を「網羅的」に明確にしようとす
る際には、特に、**被害者側から申し立てのあったすべての事柄**について、
取り上げることが重要と考えられます。

　もちろん、調査は中立的になされなければなりませんので、被害者側
からの申し立てのあった事柄について、すべて事実として認定すべきで
あるということにはなりません。裏付けが取れた点については事実と認
め、裏付けが取れなくても他の事実から推定が可能であれば蓋然性が高
いとし、そうしたこともできない場合には「申し立てがあったが、事実
であるかどうかの確認はできなかった」という扱いになるはずです。い
ずれにしても、被害者側から申し立てのあった事柄については、すべて
調査報告書で取り上げ、被害者側にも確認を求め、確認が不足している
点があるようであればあらためて確認をすることが求められます。

　このように考えると、調査報告書を確定する前に、被害者側に中間報
告を行って漏れがないかの確認をお願いし、漏れがないことが確認され

た上で調査報告書を確定することが必要であることが理解されるはずです。「いじめの重大事態の調査に関するガイドライン」では「調査中であることを理由に、被害児童生徒・保護者に対して説明を拒むようなことがあってはならず、調査の進捗等の経過報告を行う」とありますが、形式だけの経過報告にとどまらず、調査報告書に記載しようとしている内容の確認を繰り返し求めるくらいのことがあってよいと考えられます。

● 調査結果を踏まえた対応を明確化し、実施する

　調査組織の役割は基本的に事実関係を明らかにすることですが、事実関係を踏まえ、被害児童生徒に対してどのような支援が必要か、加害児童生徒を含む関係の児童生徒に対してどのような指導が必要か、そして学校の対応に関してどのような改善が必要か等について検討し、学校においてそれらが確実に実施できるようにする必要があります。

　このため、調査報告書においては、今後の被害児童生徒や関係児童生徒への支援・指導の方策や同種の事態の再発を防止するための方策を記載した上で、学校としてこうした取り組みをどのように進めていくのかを記すことが求められます。この際、学校として取り組みをどのように進めていくのかの部分については、調査組織としてでなく、校長の所見として調査報告書に記すことも考えられます。そして、こうした内容についても、確定前に被害者側に見てもらい、意見を出してもらって必要に応じて修正するとよいでしょう。また、報告書を学校設置者から地方公共団体の長等に提出する際に被害者側から調査結果に係る所見を報告書に添えることができることを説明したり、調査結果の公表の有無や公表する場合の方法を被害者側と相談したりすることも必要です。

　報告書が学校設置者を通して地方公共団体の長に提出されたら、学校は報告書に基づく対応を進めます。また、学校設置者は再発防止の取り組みを検討するとともに、必要があれば教職員の懲戒処分等を検討しなければなりません。

3 ● 調査進行中における学校の責務
～学校設置者が調査の主体となる場合～

● 調査中でも学校の役割は免除されない

　ここでは、調査が学校設置者主体となる場合について考えましょう。

　学校設置者主体となる場合の多くは、それまでの対応において被害者側が学校に不信を抱き、学校主体の調査では中立的な調査が期待できないと判断されている場合です。このような場合、被害者側に大変な苦痛が生じているのはもちろんですが、学校で対応に当たってきた教職員の側でもいじめ対応に疲弊していると思われます。

　学校設置者主体の調査となると、教育委員会の附属機関が調査組織となるにしても新たに第三者委員会が立ち上げられるにしても、外部の専門家が集まる会議の日程調整が行われ、会議においてそれまでの経緯の説明がなされ、その上で調査の方針が決められるというように、実際の調査が始まるまでに多くの手順が必要となり、1ヶ月から数ヶ月の時間がかかることが一般的です。被害者側にしてみると、重大事態としての調査が決まったのに、なかなか調査が始まらないという期間が生じることとなります。

　本来学校は、第三者委員会による調査がなされている期間にも、**被害者のケアや加害者への指導等の対応が免除されるわけではありません**。被害者が亡くなっている場合には、遺族の思いを尊重しつつ、他の児童生徒に対して被害児童生徒の死をどのように伝え、どのように悲しみを共有し、衝撃を受けた者をどのようにケアするかということも課題となります。しかし、ともすると、学校設置者主体の調査がなされることが決まった段階で、学校は当該案件の対応をすべて学校設置者側に委ねたような感覚になるようで、調査以外の対応について何もしなくなることがあります。ひどい場合には、被害者が学校に対応を求めても、「この件はすべて第三者委員会に委ねているので、学校は何もできません」な

どと対応を拒否することすらあります。

　それまでの過程において、学校は保護者から強く批判されるなど、苦しい対応を続けてきたのかもしれません。それで、対応から解放されたような思いで、上記のような状況になっているものと考えられます。しかし、こうした学校側の態度は、被害者側からすれば、対応を逃げているようにしか見えず、そうした学校側の態度自体が被害者側に苦痛を与えることとなりえます。

　もちろん、学校の対応が調査の妨げになるようなことは避ける必要があります。学校設置者側で調査することが決まった段階で、学校と調査組織との間でよく打ち合わせをして、学校ができることとできないことを切り分け、被害者側にも説明して合意を得ておくことが必要です。

● 教職員が徹底して調査に協力する

　重大事態としての調査が行われるようになった段階で、校長は教職員に対して、**調査への協力と、調査中の対応の確認とを行う**必要があります。

　調査への協力に関しては、まず調査の位置付けを明示的に知らせることが必要です。国のいじめ防止基本方針には、調査の位置付けについて以下のように記しています。

　　　この調査は、民事・刑事上の責任追及やその他の争訟等への対応を直接の目的とするものではないことは言うまでもなく、学校とその設置者が事実に向き合うことで、当該事態への対処や同種の事態の発生防止を図るものである。

　ここにあるように裁判等に直接つながるものではないことを確認した上で、校長自らが事実に向き合う姿勢を見せ、教職員にも協力を求めることが適切だと考えられます。

調査の開始時点で、学校は資料の提出を求められます。学校側であらためて編集した資料でなく、学校側がそれまでの過程で作成した資料が必要です。資料の提出に時間がかかってしまうと調査の進行が遅れますので、早い段階で資料を提出するようにすべきです。たとえば、以下のような資料は基本的に必要だと考えられます。

・校務分掌表（いじめ対策組織を含む）
・学校いじめ基本方針
・当該案件に関する会議（いじめ対策組織の会議、生徒指導部会、教育相談部会等）に関する配布資料や議事録、担当者のメモ
・いじめアンケートの関係する回答用紙（場合によっては全員の回答用紙）
・当該案件に関して被害児童生徒・保護者や関係児童生徒・保護者から話を聞いたり、そうした児童生徒に指導したりした際の教職員のメモ
・被害児童生徒や関係児童生徒の日記やノート
・ネットが関わっている場合には、メッセージやSNS等のスクリーンショット
・保護者等との間で関係するメールのやりとりがなされた場合には、メールの文面
・いじめ防止のための授業に関係する資料一式
・学校が教育委員会や文部科学省等に提出したいじめに関係する回答等
・当該案件に関する学校と教育委員会等とのやりとりの内容がわかる文書、メール、メモ等
・部活動内のいじめの場合には、部活動に関係する活動計画、分担表、活動日誌等

　こうした資料について鮮明なコピーを取ってファイリングしておき、すぐに調査組織に提出できるようにしておくとよいでしょう。

● 関係児童生徒の協力を得るべく最善の努力をする

　調査において、被害児童生徒はもちろん、加害者と考えられる者、事情を知ると考えられる者等、調査組織によって**児童生徒からの聴き取り**がなされることが一般的です。さらには、**保護者からの聴き取り**がなされる場合もあります。

　児童生徒や保護者への聴き取りに際しては、調査組織との間で学校が間に入って、連絡をとったり、日時・場所を設定したりすることがあります。この際、学校が適切に児童生徒や保護者に対して説明を行わないと、聴き取りの協力が得られにくくなります。

　このため、聴き取りを行う際には、調査組織と学校との間で、どのようにして聴き取りへの協力を求めるのかをよく確認した上で協力を求める必要があります。特に、加害者と考えられる者やその保護者の側では、自分たちが責められるという思いがあるので、協力を得るのが難しくて当然だと考えられます。しかし、そうした児童生徒や保護者の協力が得られなければ、事実関係で不明な点が多く残ることになりますし、加害者側に対する適切な指導を行うことも難しくなります。学校としては、最善の努力をして、こうした児童生徒や保護者の協力を得る必要があります。

　児童生徒への聴き取りの際には、保護者の希望があれば保護者に同席してもらうという方法もあります。また、聴き取りの結果について、誰が話したのかがわからない形で調査報告書をまとめてもらうということも検討されてよいでしょう。学校側で児童生徒や保護者の状況や意向をよく理解した上で、調査組織との間で調整をし、児童生徒や保護者が安心して聴き取りを受けられるように配慮できるようにすることが望まれます。

4 ● 危機管理と学校広報

● 児童生徒が亡くなった場合に学校で考えなければならないこと ────

　児童生徒が亡くなり、自死だと考えられる場合があります。仮にいじめが背景にあったとしても、亡くなった直後の時点でいじめがあった可能性があるということが認識されているとは限りません。

　児童生徒が自ら命を絶ったと考えられる場合に学校に求められる対応については、2014年に文部科学省が**「子供の自殺が起きたときの背景調査の指針（改訂版）」**を定めて公開しており、文部科学省の「いじめの重大事態の調査に関するガイドライン」でも、児童生徒の自殺（自殺未遂も含む）の調査はこの指針に沿って行うべきことが定められています。なお、ここでは調査に関することを中心に述べますが、児童生徒の自殺が起きた際には遺族、他の児童生徒、教職員等に深刻な影響を与えることがあり、こうした人々へのケアを含めた緊急対応が求められます。こうした緊急対応は、文部科学省「子どもの自殺が起きたときの緊急対応の手引き」等を参考とし、学校設置者とよく相談しながら進める必要があります。

　上記指針では、背景調査を**「基本調査」**と**「詳細調査」**の2段階で行うことを求めています。「基本調査」は数日以内に、緊急対応と並行して行われるもので、自殺事案あるいは自殺が疑われる事案について全件調査を行うものとされています。原則として学校が主体となり、指導記録等の確認、全教職員からの聴き取り、そして可能な範囲で関係の深かった児童生徒等への聴き取りを行い、学校がその時点で持っている情報やその時点で得られた情報を迅速に整理するものです。「詳細調査」は、心理の専門家等、外部の専門家を加えた調査組織において行う調査であり、自殺に至る過程を丁寧に探り、自殺に追い込まれた心理を解明し、再発防止策を打ち立てることを目指すものです。「詳細調査」も全ての事案について行われることが望ましいとされていますが、いじめ等の学

校生活に関係する要素が背景に疑われる場合や遺族の要望がある場合等には行うものとされています。遺族の側では詳細調査を望むかどうかが揺れる場合もあると考えられますが、上記指針では、「遺族がこれ以上の調査を望まない場合」にあっても、必要性が高い場合には遺族に詳細調査の実施を提案することも考えられるとされています。

　児童生徒が自ら死を選ぶことは何としても避けなければならないものであり、日常から児童生徒の様子を気遣い、第2章5で述べたSOSの出し方に関する教育を行う等して援助希求行動を促す等の防止策をとることが求められます。そして、危機管理上、仮に自死案件が生じた場合に必要な対応をとることができるよう、上記の指針や手引きを参照し、必要な準備を行っておくことが求められます。

● 学校広報をどのように考えるか

　児童生徒の自死事案等の深刻な事案が生じた際に問題になることの一つが、児童生徒や保護者への説明や報道機関への対応といった**学校広報**のあり方です。基本調査も十分になされていない段階で校長や教育委員会担当者が「いじめはありません」などと発言し、後にいじめの事実が確認されて学校や教育委員会が批判の対象となる等、学校広報に問題があることによって学校が児童生徒や保護者等からの信頼を失う場合があります。

　広報については、単純に情報を広く伝えることと考えられがちです。しかし、本来は、PRとほぼ同義の概念です。PRが何の略語であるかもあまり知られていないのですが、PRはpublic relationsの略であり、直訳すれば公共的な諸関係ということになります。すなわち、広報と呼ばれているものは、本来、**組織等が各種の利害関係者（ステイクホルダー）との間で良好な関係を築くこと**を意味します。アピールとか宣伝のような意味ではないので、注意が必要です。

　このように考えれば、学校広報で何をなすべきかは明白になるはずで

す。学校広報とは、学校が児童生徒、保護者、地域住民、教職員等の利害関係者との間で良好な関係を築くために、コミュニケーションをとることを指します。

　学校のいじめ対応に関しては、日常から広報に属する取り組みがなされているはずです。児童生徒に対しては、いじめ防止授業や相談窓口の周知はもちろん、日常の学級等における人間関係等に関する指導が広報としても捉えられます。保護者に対しては、保護者会や学校だより等において学校のいじめ防止に関する考え方を伝え、協力を求めることが、まさに広報です。また、保護者や地域住民に対して、学校ホームページや配布物や掲示物、報道等を通して日頃から学校の考え方や取り組みについて伝えることも広報です。そして、教職員に対しては、校内の会議や研修において、校長を中心にいじめ対応についての考え方を共有すること等が、組織内の広報としても位置付けられます。

● いじめ事案における学校広報のあり方

　深刻ないじめ事案が発生してしまった際、学校は、児童生徒、保護者、地域住民等に対して、広報としての対応をとる必要が生じます。学校は公的機関である以上、民間の企業以上に丁寧に関係者に対して正確な情報を提供し、あらためて良好な関係を築けるよう努力すべきです。他方、学校の教職員が動揺している場合も多く、事実に不明な点があったり、特定の児童生徒に関する情報を出すべきでないと考えられたりと、さまざまな配慮をする必要があります。

　こうしたことを踏まえると、学校としては、**説明を拒む理由がない限りは丁寧に説明する**こととし、**説明を拒む部分について説明できない理由を示す**ことを原則とすべきだと言えます。また、事実確認が追いついておらず、本来説明すべきことがある段階で説明できないという場合には、いつ説明するのかの見通しを示すことが求められます。このような対応ができないと、学校は恣意的に情報を隠しているという印象を与え、

学校に対する不信感が強くなることにつながるでしょう。場合によっては、学校にとって都合の悪いことは説明せず隠蔽していると受け取られてしまい、信頼回復が困難になるような事態に陥ってしまいます。

　ありがちな誤解として、いじめ事案に関して学校としての謝罪をしてしまうと、学校が非を認めたこととなってしまい、仮に裁判になった場合に不利になるのではないかというものがあり、その結果、記者会見や保護者会で学校側は一切謝罪をしないということになることがあります。学校の児童生徒が深刻な苦痛を得たのだとしたら、**学校が同義的責任を感じるのは当然のことである**はずです。特に、被害者が亡くなっているのであれば、かけがえのない命を預かっているはずの学校でその命を守れなかったことの道義的な責任は重く、事態を受け止めるだけでも身体が引き裂かれるような思いになると考えられます。被害に遭った児童生徒のことを思えば、学校としてこのような事態を防ぐことができず、本当に申し訳なかったと、校長や関係する教職員が心からの謝罪があって当然ではないでしょうか。その上で、法的責任を問われた場合には、第三者等による調査を受けた上であらためて自分たちでも判断をし説明するということになるのであろうと思われます。

　被害者が亡くなった事案等では、記者会見等により**報道機関に対する発表を行う**必要がある場合があります。報道機関自体が利害関係者と言えますし、報道機関の向こうには保護者や地域住民等の利害関係者がいるのですから、記者発表等は大変重要な広報の機会と言えます。報道を見る人に何を伝える必要があるかを考え、事案の概略を記した資料を配布した上で、被害に遭った児童生徒への思い等に触れた上で、丁寧に説明し、記者等からの質問に回答します。事実確認が済んでいないことについては、根拠のない発言をすることは控え、いつどのように説明するかを示すこととなるはずです。

　適切に広報を行うことは、危機管理上、決定的に重要なことです。良好な関係を築くという意味での広報が、求められます。

5 ● 再発防止策を学校運営に反映させる

● 調査結果の報告で終わりではない

　いじめ防止対策推進法第29条〜第31条では、重大事態が発生した旨を学校が教育委員会を通じて（国立大学附属学校の場合には学長を通じて、私立学校の場合には直接）地方公共団体の長（国立大学附属学校の場合には文部科学大臣、私立学校の場合には都道府県知事）に報告することを義務付けています。これだけを見れば、学校や学校設置者は、重大事態が発生したことのみを報告すればよいように見えます。しかし、これらの条項においては、地方公共団体の長や文部科学大臣は、重大事態の調査の結果について調査を行うことができると定められています。このことは、地方公共団体の長等には、重大事態の調査結果が報告される必要があることを意味しています。

　さらに、「いじめの重大事態の調査に関するガイドライン」では、学校及び学校の設置者は、調査結果だけでなくその後の対応方針についても、地方公共団体の長等に対して報告・説明することが記されています。そして、公立学校の場合には教育委員会会議において議題として扱い、総合教育会議においても議題として扱うことを検討すること、私立学校の場合にも総合教育会議において議題として扱うことを検討することを求めています。調査報告書の提出をもって重大事態への対処が終了するのでなく、学校や学校設置者は**「その後の対応方針」**を示す必要があり、さらに教育委員会会議や総合教育会議で議題として扱うことも求められています。

　調査報告書が提出されたことをもって、重大事態への対処が終わるわけではありません。被害を受けた児童生徒がまだ学校に在籍しているのであれば、学校は同じ児童生徒が新たに苦痛を与えられるようなことがないよう、必要な対策を講じる必要があります。また、同様のことが再度起こらないよう、再発防止策を講じる必要があります。調査報告書に

その後のことについての提言は載るかもしれませんが、学校や学校設置者が何を行おうとしており、その時点では何ができているのかといった内容は載りません。学校あるいは学校設置者として何をしようとしているのか、さらには何がすでにできているのかについても、地方公共団体の長等に対して報告することが求められているのです。

● 調査報告書の提言を具体的な対応策につなげる ───────

　地方公共団体の長等への報告が終わってからも、学校ではいじめへの対応について調査報告書の提言を踏まえて改善策を実行していかなければなりません。

　たとえば、生徒指導における教員の児童生徒への対応が規則を守らせることばかりになっていて、児童生徒が抱えている問題の把握が不十分だったという指摘があり、再発防止策として児童生徒が抱えている問題の把握に重点を置いた生徒指導の推進が求められていたとします。当然、このことは職員会議なり職員研修なりで教職員に周知される必要があります。しかし、一度周知した程度で、教職員の態度が十分に変化すると考えるのは楽観的すぎます。具体的な生徒指導の場面において、繰り返し、児童生徒が抱えている問題の把握に重点を置いた生徒指導ができているかを確認し、できていなければ改善するようにしていく必要があります。

　管理職や生徒指導主事は、**他の教職員が改善策を実行していないのであれば、そのことを放置するわけにはいきません**。改善策が実行されていない場合には、本校ではいじめ重大事態が発生し、調査報告書の提言を受けて改善策を実施していくことを決めたのだから、改善策の実施についてはくれぐれも重く受け止めて実施してほしいということを、繰り返し語る必要があります。このようなことが繰り返される中で、着実に再発防止策が定着していくものと考えられます。

　再発防止策というと、子どもの気持ちに寄り添って対応するというよ

うに心構えばかりのことが挙げられたり、教員研修の実施やいじめ予防教育の実施といった新たな取り組みの実施が挙げられたりすることがあります。もちろんこうしたことも重要ですが、日常の教職員の児童生徒との関わり方やいじめが起きたときの対処の仕方を変えていく努力を続けなければ、再発防止が難しい場合も多いはずです。再発防止策を重く受け止め、地道な努力をすることができるかどうかが、深刻ないじめ被害を防げなかった学校に問われるのではないでしょうか。

● 調査報告書における提言の実現は最低限の義務である

　調査報告書に記された提言について、正当な理由なく学校が実施を怠ることは、当然許されません。**学校自身が実施状況を定期的に確認する**ことはもちろんですし、学校設置者や地方公共団体の長等は、学校における実施状況に問題があることを把握したら、学校に対して改善するよう求める必要があります。

　しかし、調査報告書に記されたことのみを実施すればよいのかというと、そうではないはずです。**調査報告書において指摘がない点についても、学校が自律的に改善を要する点を検討し、改善を図っていく**ことは必要です。

　というのも、調査報告書というのは、あくまでも調査結果の報告に主眼が置かれているものであり、調査結果を受けた提言が中心のものではないからです。調査報告書においても、調査結果の説明や調査結果の分析に多くのページ数が割かれていて、再発防止策等の提言のページ数は少ないことが一般的です。調査組織における検討時間も、ページ数同様と考えられます。

　学校が主体となる場合は別ですが、学校設置者が主体となり第三者委員会が調査組織となる場合、再発防止策等について具体的な提言を行うためには、当該の学校の状況や地域の学校の状況をよく理解した上で、その学校や地域に合った形で再発防止策を作成することが必要となりま

す。学校の校務分掌組織や生徒指導のあり方は、地域や学校によってかなり違います。そうした違いを細部まで把握した上でなければ、具体性のない一般論を提案するか、地域や学校にそのまま適用できない策を提案することになってしまいます。

　理想的には、調査組織が再発防止策の作成にも調査自体に匹敵するような時間と労力をかけるべきなのかもしれません。実際、第3章1で述べた茨城県取手市での再発防止策作成の場合には、他の組織による調査報告書を受けて再発防止策の作成のみに集中して取り組むことができたので、再発防止策の作成にかなりの時間と労力をかけることができました。しかし、一般的には、一つの調査組織が調査から再発防止策の作成までを行います。再発防止策を作る組織を別に設けることは、現実的ではないでしょう。調査に時間と労力をかけた組織がさらに再発防止策の策定に時間と労力をかけ、その再発防止策ができた段階で調査報告書が完成するということになってしまうと、調査報告書の提出が大幅に遅れることとなりかねません。

　このように、多くの場合、調査報告書における再発防止策の提案に関しては、どうしても限界があります。学校が提案を踏まえて再発防止策を実施することは必要なことですが、そこで思考停止してしまって、提案されたことだけ実施すればよいということでは、再発防止策は不十分なものとなる可能性があります。

　調査報告書における提言は、学校が再発防止を進めていく際の出発点と考えられるべきです。学校は、提言から触発を受けて、あらためて自律的に学校がなすべきことを検討し、再発防止策をより充実した形で実施していくことが必要であるはずです。

実践編

◆ ◆ ◆

いじめ Case Study

　学校への携帯電話・スマートフォンの持ち込みを認めることになりました。ネットいじめ等の問題をどのように防止することが必要でしょうか。

● 注目される携帯電話・スマートフォンの持ち込み

　2020年7月、文部科学省は**「学校における携帯電話の取扱い等について」**という通知を出しました。文部科学省は2009年の通知で、小中学校では携帯電話の学校持ち込みを原則禁止とすること、高校では学校での教育活動に支障が生じないよう校内での使用を制限すること等を求めていました。その後、2019年の大阪北部地震において通学中の児童がブロック塀の下敷きになって亡くなったこと等が契機となって学校への携帯電話等の持ち込みについての議論が高まり、文部科学省が有識者会議を設置して検討した結果、上記の通知が出されたものです。

　2020年の通知に関して一部では携帯電話やスマートフォンの学校への持ち込みを文部科学省が容認したと報じられていますが、小中学校に関して原則として持ち込み禁止としている点は2009年の通知から変わっていません。2020年の通知の概要は以下の通りです。

・小学校では、持ち込みは原則禁止。緊急連絡手段として必要である等の事情があり、例外的に持ち込みを認めることも考えられるが、その際には校内での使用禁止や登校後に学校で預かる等、教育活動に支障がないよう配慮する。
・中学校でも、持ち込みは原則禁止。例外的に持ち込みを認める場合には、学校と生徒・保護者との間で、ルールを作る、学校での管理方法や紛失等のトラブルが発生した場合の責任の所在を明確にする、フィルタリングが保護者の責任で適切に設定されている、携帯電話の危険性や正しい使い方に関する指導が学校及び家庭で適切に行われている

といったことについて合意がなされ、必要な環境の整備や措置が講じられていること。

・高校では、教育活動に支障が生じないよう校内での使用を制限すべきこと。

・特別支援学校については、学校及び地域の実態を踏まえて判断し、学校での教育活動に支障がないよう配慮すること。

　学校における携帯電話・スマートフォンの持ち込みについては、基本的にこの文部科学省の方針に従って考えることとし、教育委員会等の方針がある場合にはそうした方針にも従うことが必要となります。

　なお、私生活において児童生徒が携帯電話・スマートフォンを使用することについては、文部科学省の通知でも言及されておらず、学校には利用禁止等の制限を課す権限はないものと考えられます。関連する国の政策は、2009年施行の**青少年インターネット環境整備法**に基づき、政府が基本計画を定めて実施されています。この法律では、保護者に対して、18歳未満の青少年のインターネット利用状況を適切に把握することや、フィルタリングの利用等によって青少年のインターネット利用を適切に管理すべきことを定めています。学校としては、こうした法令をも踏まえて、児童生徒や保護者との間で携帯電話・スマートフォンの持ち込みのあり方について合意形成をしていく必要があります。

● 持ち込みによって高まるリスクは？

　仮に、小学校や中学校において、携帯電話・スマートフォンの学校への持ち込みを認めた場合、どのようなリスクが高まるでしょうか。

　前提として、連絡手段等として必要であることを理由に個別の保護者から持ち込みの申請が学校になされること、児童生徒が登校したら学級担任が携帯電話・スマートフォンを預かって下校時に返却すること等、文部科学省の通知で想定されている対応がなされているものとします。

まず考えられるのが、**学校での紛失、破損、不適切な利用**といった問題が生じることです。登校後に預かって下校時に返却することとしても、登校直後や下校直前には児童生徒が学校内で携帯電話・スマートフォンを手元に持っていることになります。部活動の朝練習や放課後練習がある場合には、学級担任が預かっていない状態で児童生徒が部活動に参加している状況が生じます。また、児童生徒が預け忘れたり、持参した端末を隠し持っていたりする可能性もあります。こういった状況において、児童生徒が端末を紛失したり、落下等によって端末を破損させたり、授業中等に隠れて利用したりすることが考えられます。他の児童生徒によって、端末が隠されたり、端末を壊されたり、端末を勝手に操作されたりして被害者が苦痛を覚えれば、いじめが起きたこととなります。

　次に考えられるのが、**登下校中の不適切な利用**です。歩行中等に路上で「歩きスマホ」をして事故に遭う、他の児童生徒の様子を無断で撮影してSNS等で共有する等の問題が考えられます。無断撮影等によって撮影された児童生徒が苦痛を覚える事態になれば、いじめが起きたこととなります。紛失や破損も、登下校中に起こりえます。

　学校への持ち込みが認められることによって、家庭等での携帯電話・スマートフォン利用に直接影響が生じるとは考えにくいですが、**持ち込みが容認されたことが児童生徒が携帯電話・スマートフォンを持つことを後押ししてしまい**、所有者が増えることによってSNSやオンラインゲームの利用が進み、長時間利用やネットいじめ等のトラブルが起きやすくなることは考えられます。

　以上のように、携帯電話・スマートフォン利用に関する一般的なリスクとは区別して、学校への持ち込みを認めることによるリスクを想定しておくと、実効的な対応策を講じやすくなると考えられます。

● 児童生徒が参画してルールづくりを

　新たに持ち込みが認められる等、状況が大きく変わる機会においては、

児童生徒が**当事者意識**をもって問題に向き合いやすいと考えることができます。持ち込みが認められるのをよい機会と捉えて、児童生徒が中心となってルール作りを行うこととし、児童生徒が情報モラルやいじめ等についてあらためて考える学習の機会としてはどうでしょうか。児童生徒会が中心になって、ルール作りに取り組むことも考えられます。この際、持ち込みに関することに限定せず、SNSやオンラインゲームを通した児童生徒同士のネットでのコミュニケーションも含めて、ルール作りを行ってもよいでしょう。

　ルール作りにおいて重要なことは、**互いの多様性を尊重する**ことであろうと考えられます。携帯電話やスマートフォンを持つかどうか、持った場合にどのように使いたいか等は、人によって大きく異なります。保護者の考え方等、家庭の状況も違うでしょう。ルールを作る際に、こうした違いを無視してしまうと、一部の人を不当に不利にしてしまう可能性があります。多数決による民主主義によって、少数者の利益を損なうようなことがあってはなりません。

　たとえば、「登下校中の携帯電話・スマートフォンの利用は禁止」としてしまうと、周囲が安全で立ち止まって利用することも許されないこととなってしまい、家庭からの連絡を確認したり、メモやスケジュールを確認したりすることさえルール違反ということになります。そこまでの制限が必要なのかについては、慎重な検討が必要であるはずです。

　また、家庭での携帯電話・スマートフォンの利用時間等については、ルールとして定めてしまうと学校が私生活に干渉しすぎるものと考えられますので、利用時間を考えることを推奨したり、一定の時間内にしたりすることを、児童生徒会が目標として定める程度がよいのではないでしょうか。

　いずれにしても、ルールを一度決めてそれきりというのでは、ルールが形骸化し、トラブルを未然に防ぐことにつながりません。**定期的にルールの見直しを行い、必要な改善を図っていく**ことが求められます。

Case 2　いじめ防止のためには、児童生徒に授業等で学習してもらうだけでなく、保護者にも理解を求める必要があります。保護者に対して、どのような取り組みが有効でしょうか。

● 保護者と協力していじめ対応を進める

　児童生徒たちがいじめで苦しまないようにすることは、学校の教職員だけが努力すべきものではなく、**保護者にも学校と協力していじめの防止等に取り組んでもらうことが必要**です。いじめ防止対策推進法第9条でも、保護者の責務等として、以下のことが定められています。

・保護する子どもがいじめを行うことのないよう、規範意識を養うための指導等を行うよう努める。
・保護する子どもがいじめを受けた場合には、当該の子どもをいじめから保護する。
・学校等が講ずるいじめ防止等のための措置に協力する。

　基本編第2章4で見たように、学校が**いじめを発見するきっかけ**のうち、約10%は被害を受けた児童生徒の保護者からの訴えによるものです。他の児童生徒の保護者からの訴えも、約1%あります。児童生徒の様子を丁寧に見たり、アンケートを行ったりして、学校はいじめの早期発見に努めることはできます。しかし、学校の教職員と保護者とでは、見えている子どもの姿が大きく異なります。家庭でしか見えない子どもの姿からいじめに気付いたり、家庭で子どもの話を聞いていじめについて知ったりするという保護者の取り組みに頼らなければ、発見が難しいいじめがかなりの数あります。

　また、**いじめへの対処**においても、保護者の役割は重要です。被害に遭った児童生徒をケアし、児童生徒が安心して生活できるようにするためには、保護者が対応を学校に任せきりになるのでなく、保護者には保

護者の立場で子どものためにできる限りのことをするという姿勢が求められます。加害者側においても、子どもがしてしまったことをその保護者も受け止め、事実を解明したり子どもが同様のいじめを繰り返さないように指導したりすることに力を尽くすことが求められます。

逆に言えば、いじめの問題に関して学校と保護者とが対立してしまうことは、いじめの早期発見に関してもいじめへの対処に関しても深刻な悪影響をもたらします。学校が保護者とともにいじめに対応したいという姿勢を示し、保護者からの信頼を得られるように対応を進めていくことが必要です。

そのためにも、新入生の説明会や年度当初の保護者会等において、校長や生徒指導主事がいじめ対応についての学校の考え方を保護者に説明し、保護者に理解と協力を求めることが必要です。特に、いじめの早期発見について協力を求めることは重要であり、心配なことがあったらすぐに学級担任やいじめ対策組織の窓口となっている教員等に相談してもらうよう依頼することが望まれます。

● ネットいじめに関する啓発には法的義務も

また、保護者に対しては、**児童生徒のネット利用**について適切に管理し、ネットいじめの防止や早期発見に努めるよう協力を求める必要があります。

いじめ防止対策推進法は第19条で、ネットいじめに関する対策の推進について定めています。同条第1項では、学校及び学校設置者に対して、ネットいじめを防止し、効果的に対処することができるよう、児童生徒のみならず保護者に対しても、必要な啓発活動を行うことを定めています。

このようにネットいじめに関して特に保護者への啓発が求められているのは、ネットいじめが基本的に、学校の管理下でなく家庭が管理している私的なインターネット利用の場において生じるものだからだと考え

られます。児童生徒同士がSNS等を通して交流することは、基本的に学校が積極的に認めているものではなく、家庭の管理下において保護者が持たせた端末を使用してなされるものです。しかし、学校の人間関係の中でネットいじめが起きれば、これも学校が対処するいじめとなります。学校の管理下にないネットでのいじめについて学校が対処する責任を負わなければならないことの正当性の議論はともかく、ネットでの交流と学校内での交流とを区別して対応することは困難ですので、ネットいじめについて学校が対応しなければならないことはやむをえないのではないでしょうか。

　学校としては、ネットいじめについて学校が対処する責任を負っていることを踏まえ、家庭において、児童生徒のインターネット利用を適切に管理し、他者を傷つけるようなコミュニケーションをとらないよう指導することを求めなければなりません。そのために、保護者会等において、ネットトラブルに関する最新の状況を紹介すること等を通して、保護者に対する啓発を行う必要があります。

　なお、保護者向けに使える啓発教材として、携帯電話会社、NPO等が作成して無料配布している動画等を活用することが可能です。ネット関連企業等によって構成される「安心ネットづくり促進協議会」のホームページ等でこうした情報はまとめられていますので、参照されるとよいでしょう。

● 各教職員の丁寧な対応が保護者の協力につながる

　以上のように、関連する法令を踏まえ、学校が組織的に、いじめ対応について保護者に協力を求め、連携を進めていくことは重要です。しかし、保護者が学校を信頼して協力してくれるかどうかは、こうした取り組みだけで決まるのでなく、**日常の学級担任等の対応**によるところも大きいと考えられます。

　保護者が教職員のいじめ対応等について信頼しているかどうかについ

ては、**学校評価アンケート**が重要な指標となります。学校としては丁寧にいじめ対応を行っているつもりでも、学校評価アンケートにおける「学校は親身になってお子さんの問題に対応しているとお考えですか」といった項目において評価が低ければ、学校の努力は保護者に伝わっておらず、学校は保護者からの信頼を十分に得られることができていないということになります。

　学校評価アンケートでは、学年ごと、学級ごとの傾向の違いを見ることもできます。学年主任や学級担任にとっては自らの取り組みを評価されているように感じられて辛いかもしれませんが、アンケートで他の学年や学級と比較して評価が低いのであれば、学年や学級に問題が起きていることが示唆されていると考え、積極的に、改善のための契機とする必要があります。

　どれだけ学校が丁寧にいじめ対応を行っていたとしても、児童生徒や保護者にそうした学校の姿勢が伝わっていないとしたら、児童生徒や保護者は学校を十分に信頼することがなく、心配なことがあっても学校への相談をためらう可能性が高くなります。残念ながら、学校が特段の努力をしなくても学校の姿勢が伝わるなどということは期待できません。保護者会でも面談でも、各教職員が学校の姿勢を示し、何かがあれば親身になって対応するということについて理解を得る必要があります。

　多くの事例で丁寧にいじめ対応を行っていたとしても、個々の保護者にとっては、自らが保護する子どもに関わる対応に問題があれば、学校を信頼することが難しくなります。この意味でも、いじめ対応を組織的に行うことは重要です。個々の教職員が自分だけの判断で対応を進めてしまうと、どうしても不適切な対応が生じやすくなります。軽微な案件に見えても必ず組織で共有して対応することが徹底されれば、個人の判断ミスによる不適切な対応は生じません。個々の教職員の対応が、組織的な検討を踏まえた上でなされることで、保護者から信頼される対応が可能になるのだと考えられます。

Case3 　児童が新型コロナウイルス陽性となり、学校の判断で学級閉鎖となりました。校内での感染はなかったのですが、今後、コロナいじめが心配です。

● 感染を恐れるのは当然の心理

　基本編第2章2で見たように、新型コロナウイルス感染症の感染拡大を背景としたいわゆる「コロナいじめ」は許されるものではなく、学校においても防止策を講じることが求められてきました。

　新型コロナウイルスは子どもへの感染は少ないと言われてきましたが、子どもが感染する例は増えていますし、学校内で子どもや教職員の間で感染が広がったと考えられる事例も見られます。子どもは重症化しにくいと言われてきましたが、変異種に置き換わることによって、子どもの重症化リスクも高まったと考えられます。

　仮に子どもが感染して無症状あるいは風邪程度の軽い症状であったとしても、家庭内で隔離を徹底することは難しく、家族に感染させてしまうリスクは高いと言えます。家族に高齢者や基礎疾患がある人がいれば感染して重症化する可能性も高いですし、家庭内に感染者がいるというだけで家族は行動が大きく制限されます。もちろん、子ども自身が重症化する可能性も懸念されます。こうしたことを踏まえれば、保護者としては学校で子どもが感染してくることはなんとしても防ぎたいと考えるのは当然ですし、そのことは子どもにも伝わっている場合が多いでしょう。

　「コロナいじめ」と似ているように見えるものとして、「原発いじめ」があります。これは、2011年の福島第一原子力発電所の事故によって避難を余儀なくされた子どもが、避難先の学校で「放射能の毒がうつる」などと言われる等したものです。仮に放射線被曝をしていた人がいたとしても、放射線被曝は他者に感染するものではないので、放射線被曝が感染症であるかのように扱うことは誤解です。このように「原発いじめ」

は誤解に基づいているので、誤解を解くことによって防止することが可能でした。

　しかし、新型コロナウイルスの場合には、感染リスクがあること自体は誤解ではないので、「原発いじめ」と全く同様に対応するわけにはいきません。保護者や子どもが学校内での感染を恐れるのは当然であるということを前提にして、対応することが求められます。

● 根拠ある感染防止策がいじめを防ぐ

　では、校内で感染者が出た場合に、「コロナいじめ」を防ぐにはどうしたらよいでしょうか。保護者や子どもが感染を不安に思う心理がいじめにつながるのですから、不安を生じさせないようにすることが必要と言えます。

　そうは言っても、子どもたちが学校に登校していれば、学校内で感染が起きる可能性をゼロにすることはできません。学校が行うべきなのは、**必要と考えられる感染防止策を適切に講じているということを説明し、理解を得る**ことです。

　私たちが生活する上で、あらゆるリスクをゼロにすることはできません。交通事故等の不慮の事故で死亡するリスク、突然巨大地震が起きて建物に押し潰されるリスク、学校に侵入した者に刺されるリスク等、さまざまなリスクがあります。これらに対しては、交通安全教育や防災訓練、監視カメラの設置等の策によってリスクの低減は図られていますし、そもそもこうした深刻な事態が起こる確率はかなり低いと考えられているので、基本的に私たちはこうしたリスクについて強い不安を抱くことなく生活することができています。新型コロナウイルス感染症に感染するリスクについても、一定の感染防止策が講じられることによって、感染する確率を下げることができ、人々が感染に対して強い不安を抱くことを避けられます。新型コロナウイルス感染症に感染する確率は死亡につながる深刻な事故ほど低くできないかもしれませんが、新型コロナウ

イルス感染症は基本的に子どもがすぐに死に至るものではないことを踏まえれば、不安の水準を交通死亡事故等と同等程度に下げることは可能だと思われます。

　新型コロナウイルス感染症に関しては、文部科学省の最新の**「学校における新型コロナウイルス感染症に関する衛生管理マニュアル」**等、一定の権威のあるマニュアルやガイドラインに基づいた対策を徹底して講じ、そのことを保護者や児童生徒に確実に伝えることが重要と考えられます。新型コロナウイルス感染症をめぐる状況は刻一刻と変化していますが、こうしたマニュアル等の最新版では最新の状況が踏まえられています。このようなマニュアル等に基づいた対策を講じることによって、学校の教育活動を進めつつも、感染リスクをかなりの程度下げることが可能となると言えます。

　逆に言えば、感染防止策が徹底されていない状況があれば、保護者や子どもの学校への信頼は失われ、コロナいじめを防ぐことも難しくなってしまいます。たとえば、児童生徒には食事の際に無言で食べることを求めておきながら、教職員の中に大人数の会食に行くような者がいれば学校は信頼されないでしょうし、そのような教職員がいれば学校での感染リスクが高いものと考えられ、感染への不安が強くなってしまうでしょう。

● 差別はマイクロアグレッションに表れる

　学校で徹底した感染防止策が講じられることは、コロナいじめ防止のためにまず必要なことですが、それだけで十分とは言えません。学校での日常のコミュニケーションの中で、感染者に対する差別的な発言がされていれば、児童生徒は差別的な意識を学んでしまい、感染者が出たときに差別的な態度をとることにつながってしまうと考えられます。

　差別の問題に関して、近年、**「マイクロアグレッション」**という考え方が注目されています。「マイクロアグレッション」は直訳すれば「微

細な攻撃」ということになりますが、日常の何気ないコミュニケーションの中に表れる否定的な態度のことを言います。たとえば、車椅子利用者が別の人と一緒に店を訪れたときに、店員が車椅子利用者には直接話しかけず、当然のようにもう一人の人に用件を尋ねたとしたら、車椅子利用者は幼い子どものようにコミュニケーションの相手から排除されたことになります。店員に悪意がなかったとしても、車椅子利用者としては差別を受けたと感じられることでしょう。あるいは、男の子が高い声で穏やかにしゃべっているときに、「なんか、女の子みたい」と言われたとすれば、そこでは性に関する**ステレオタイプ**（紋切り型の考え方）が表れており、ステレオタイプに当てはまらない性のあり方が否定されたと感じられるはずです。

　新型コロナウイルス感染症に関しても、こうしたマイクロアグレッションが生じることが懸念されます。感染者が多く出た施設について、「あの施設、たくさん感染者が出ちゃったね」などと言うだけでも、感染者に対する否定的なイメージが広がってしまい、感染者に対する差別的な感情が喚起される可能性があります。

　マイクロアグレッションかどうかについては、当事者の置かれている状況を踏まえても、当事者に直接そのことを言えるかどうかで判断することが必要と考えられます。上記の例で言えば、施設の職員や利用者が目の前にいれば、当事者たちの苦労や感染した人の体調等が気になり、お見舞いやいたわりの言葉を言いたくなる人が多いはずです。仮に、感染が広がった背景に、大人数で宴会をしてしまった等の行為があり、そうした行為は批判されるべきものであったとしても、そのことと感染者を心配し気遣うべきこととは別のことです。相手に非があってもいじめをすることが許されないのと同様、感染者に非があっても感染者であることについて差別的に扱うことは許されません。

　教職員がこうした点に敏感になり、感染者に気遣う発言を日頃からしていくことが、コロナいじめ防止につながるはずです。

　いじめを未然に防ぐため、子どもたちのストレスを把握してストレス軽減を進めたいと考えています。どのように取り組むと、よいでしょうか。

● いじめ対応において求められるストレスへの着目

　いじめと**ストレス**との間には、密接な関係があります。

　当然ですが、**いじめ被害に遭っている児童生徒**は、いじめによってストレスを与えられていると言えます。いじめ被害がストレスを生じさせ、抑うつ傾向や自殺企図等の深刻な状況につながっていくことが懸念されます。いじめ被害を止めることに加え、いじめ被害によって生じたストレスにも対処することが必要となります。被害者だけでなく、いじめを知っている者も、いじめで苦しんでいる人がいることや自分がいじめを止められないことによるストレスを抱えることが考えられます。

　また、**いじめの加害者**については、いじめを行ってしまうことの背景に、相手から受けてきたストレスや別のことから受けているストレスが影響していることが考えられます。たとえば、相手となる児童生徒が日頃落ち着きがなく、身体を動かしていたり大声を出したりするので、そのことが気になってストレスになっているということがありえます。また、保護者との関係や学業の悩みからストレスを抱えていて、他の児童生徒に苦痛を与えることでストレスを紛らわしている可能性もあります。

　このように、いじめとストレスとの間には密接な関係があり、いじめ防止の観点からも、いじめの早期発見の観点からも、いじめ被害者やいじめを見ていた者へのケアの観点からも、ストレスに着目することは重要と考えられます。

　学校における**ストレスマネジメント教育**の重要性はこれまでも指摘されており、中学校学習指導要領解説保健体育編でも「ストレスへの対処」への言及がなされています。しかし、ストレスマネジメント教育が学校段階を通して継続的に実施されているわけではなく、児童生徒がいじめ

を未然に防いだり、いじめによって生じたストレスに対処したりするために十分な教育がなされているとは言えません。

　ストレスマネジメント教育は、ストレスについて知ること、自らのストレスに気付くこと、ストレスに対処すること（**ストレス・コーピング**）等から成ります。日本ストレスマネジメント学会等がストレスマネジメント教育に役立つ資料や教材を提供していますので、こうしたものを参考にして、学校の状況に合わせたストレスマネジメント教育を進めることができると、子どもたちのストレスを軽減することにつながると考えられます。

● ストレスチェックは児童生徒には不要なのか

　当然ながらストレスの問題は子どもだけでなく、大人にも深刻です。大人に関しては、2015年に労働安全衛生法が改正され、第66条の10第1項で事業者は労働者に対して「心理的な負担の程度を把握するための検査」を行うことが義務づけられました（従業員50人未満の事業場については努力義務）。これはすなわち、事業者は、労働者に対して**ストレスチェック**を行わなければならなくなったということです。このことは学校の教職員にも適用されますので、ストレスチェックを毎年行っているという自覚がある人も多いと思われます。このことの背景には、精神障害で労災を認定される件数が高い傾向にあること等があります。具体的には、毎年1回ストレスチェックのテストが実施され、その結果が労働者に通知され、労働者の希望がある場合には医師による面接指導が実施されます。面接指導の結果、医師の意見を踏まえ、必要な場合には作業の転換や労働時間の短縮等の措置がとられます。

　厚生労働省の令和元年度「過労死等の労災補償状況」によると、2019（令和元）年度の精神障害による労災請求件数は2,060件、このうち自殺（未遂を含む）の件数は202件です。日本の雇用者数が約6,000万人なので、精神障害による労災請求は雇用者数1万人あたり約0.3件、

うち自殺が約0.03件ということになります。他方、2020年の児童生徒の自殺者数は479人で、小学校段階から高校段階までの児童生徒数は1,300万人弱ですので、児童生徒1万人あたりの自殺者数は約0.3人です。単純な比較はできませんが、単位人数あたりの児童生徒の自殺者数は、雇用者が精神障害で労災を申請する数と同水準となっています。労働者に関してストレスチェックが必須となっていることを思えば、児童生徒も学校においてストレスチェックを行うことが真剣に検討されてもよいと考えられます。

　<u>児童生徒に対するストレスチェック</u>については、研究者等によって開発が進められているものがあります。ストレスチェックはいじめに関するストレスだけを捉えるものではありませんが、いじめについて直接尋ねるアンケートとは異なり、ストレスチェックによって児童生徒がいじめに関連すると自覚していない問題が見えやすくなったり、教職員が深刻さに気付けなかった事態に気付けるようになったりすることが期待されます。

● セルフケアやピア・サポートを進める

　ストレスへの対処というと、カウンセリングや治療を受ける等、医師やカウンセラーのサポートを受けることが思い浮かぶことがあるかもしれません。しかし、ストレス・コーピングの基本は、自分で自分をケアすること（**セルフケア**）、あるいは自分たちで自分たちをケアすることと考えられます。医師やカウンセラーのサポートを受けることに消極的になる必要はないですが、日頃からセルフケアや**ピア・サポート**（仲間同士で支え合うこと）に努めることで精神状態を良好に保てるのであれば、これに越したことはありません。

　セルフケアの方法はさまざまに考えられ、人によって、また状況によって、どの方法が効果的かが変わってきます。書籍や資料を参考にして、セルフケアの方法のレパートリーを増やしていくとよいかもしれません。

たとえば、千葉大学子どものこころの発達教育研究センター特任准教授で公認心理師の伊藤絵美さんの著書『セルフケアの道具箱』（晶文社、2020年）には、「手を使って身体をなでたり、トントンしたりする」「何かをギューッと抱きしめる」「サポート資源について情報収集する」「ヤバすぎるストレッサーからは全力で逃げる」「ストレス反応にざっくりと名前をつける」「『目に何が見えるか？』の実況中継」「思ったこと、感じたことを、ただひたすら書きまくる」等の実践的なセルフケアの方法が100紹介されています。これだけの数の方法があれば、自分に合う方法をいくつか見つけることは難しくないと思われます。

　ピア・サポートは、学校でともに過ごす児童生徒が互いのストレスを軽減する役割を担うことを期待するものです。ともすると、学校の人間関係はそれ自体がストレッサー（ストレス源）となりえますから、児童生徒がピア・サポートを意識して行動することは、ストレッサーをサポーターに変えることになるので、効果は絶大です。これについては、構成的グループエンカウンターなどの互いの信頼を醸成する教育手法が活用できます。また、いじめに関する取り組みを精力的に行っている弁護士の真下麻里子さんは、**寛容な教室**をつくることを提起していて、「しなければいけない」ということでなく、自分の「したい」ということを互いに出し合って相互理解することの大切さを説いています（真下麻里子『「幸せ」な学校のつくり方』（教育開発研究所、2021年）参照）。

　ストレスということを意識すると、これまで当然と思われていたことについて、別の考え方が促されるはずです。すべきこと、しなければならないことは、それを行うことが正しいとしても、ストレッサーとなりえます。すべきことができていない状態は、もしかするとストレス・コーピングとして意味があるのかもしれません。教職員だけでなく児童生徒がそうした発想をもてるようになり、自分にも他者にも寛容になることが、もっと重視されてもよいのではないでしょうか。

Case 5　孤立気味の児童がいます。宿泊学習の班分けをしなければならないのですが、その児童がうまく班に入れるか、心配です。班分けをどのように進めたらよいでしょうか。

● 宿泊行事におけるいじめのリスクは高い

　林間学校や修学旅行等の宿泊を伴う行事は、学習指導要領上、特別活動の中の学校行事に位置付けられており、小学校では「遠足・集団宿泊的行事」として掲げられています。小学校学習指導要領は、この「遠足・集団宿泊的行事」について、「平素と異なる生活環境にあって、見聞を広め、自然や文化に親しむとともに、よりよい人間関係を築くなどの集団生活の在り方や公衆道徳などについての体験を積むことができるようにすること」としています。子どもにとって、保護者の元を離れ、数日間にわたって他の子どもたちとともに日頃できない体験を重ねることができる宿泊行事の意義は大きく、貴重な機会だと言えます。

　しかし、いじめとの関連で言えば、宿泊行事はいじめに関するリスクが非常に大きいものです。

　まず、**班決めや部屋割り**の問題があります。宿泊行事では基本的に班別行動があり、宿泊する部屋も少人数で分かれます。班や部屋で誰と一緒になるかは、子どもたちにとって大変重要です。仲の良い者と同じであれば宿泊行事を楽しく過ごせる可能性が高い一方で、距離を置きたい者と一緒になってしまうと宿泊行事全体が苦痛に満ちたものとなりかねません。

　班決めや部屋割りにおいては、班あたりや部屋あたりの人数が基本的に決まっています。もともと人間関係ができている学級において、所定の人数ごとに人数を分けることには無理があります。どう調整しても、仲が良い人と同じ班や部屋になれなかったという不満が出て当然です。学級の中に孤立している児童生徒がいて、誰もその人と同じ班や部屋になりたくないと思ってしまうと、その人をめぐって、なすりつけあいが

生じることになりかねません。

　また、宿泊行事中は、班別行動中や部屋で過ごす際など、**教職員の目の届きにくい時間**が多く生じます。ということは、教職員の目を盗んでいじめがなされるリスクが高くなることとなります。日常においては互いにある程度距離をとることによっていじめが抑止されていても、宿泊行事ではともに過ごす時間が長く、距離をとることも困難であるため、他の児童生徒の態度に不満を感じやすくなり、不満からその相手を攻撃する事態に陥りやすいと言えます。

　学習指導要領や解説を見ても、宿泊行事におけるいじめリスクに関係する記述は見られません。しかし、この問題が軽視されてよいはずはなく、本来は学習指導要領や解説でもっと踏み込んだ記述があって然るべきです。現状ではそうした記述はないので、宿泊行事におけるいじめリスクへの対応は、全面的に学校に委ねられていると考えるしかありません。

● 理念の確認と安全の確保を

　では、どのようにすれば宿泊行事に関わるいじめリスクを十分に低減できるのでしょうか。ここでは特に班決めの方法について考えましょう。

　班決めの前提として、仲の良い者と一緒なら幸福でそうでなければ不幸という考え方を多くの児童生徒がもっている場合には、班決めにおいて不幸な者を出さないことは基本的に不可能です。たまたま班の人数と重なるように仲良しグループができているという状況でもない限り、班決めにおいて不本意な結果となる者が出ることは避けられません。このように考えれば、班決めの前提となっている考え方を変えることが必要であることがわかります。

　すなわち、宿泊学習においては、仲の良い者と一緒にいるだけが幸せなのではなく、これまであまり仲良くしていなかった者と一緒に活動することによって、人間関係を広げ、これまでとは異なる経験ができるこ

とが幸せなのだという考え方が共有されるようにすることが必要です。

　こうした考え方ができるようにするには、学級でさまざまな人間関係をつくる**レクリエーション活動**等を事前に行い、多様な人間関係を構築することの楽しさを児童生徒が実感できるようにしておくとよいでしょう。

　ただし、深刻ないじめがすでに生じている等、特定の相手と同じ班になることが耐えられないという者がいる場合には、そうした者と同じ班になることがないよう配慮することは当然必要です。

　また、それまでにいじめ等がなくても、それまであまり関わりのなかった者と過ごすことを不安に思う者がいる可能性もあります。そうした者については、当日嫌なことがあっても一定の安全が確保されるよう、学級担任等が事前に不安を把握しておき、すぐに相談できるような関係を構築しておくことが必要です。

　班決めの方法は、基本的には①教員側で決める、②抽選でランダムに決める、③児童生徒が自分たちで話し合って決めるという中のいずれかです。児童生徒が自分たちで問題解決することを目指すのであれば、③の方法がとられるべきでしょう。この際、たとえば、全員に拒否権が与えられることとしておき、いったん班が決まっても誰かが拒否したら最初からやり直すことにしておけば、時間はかかっても、形式的には全員が許容できる決定が可能となります。しかし、このような方法では班決めを拒否することで他の者から責められる可能性が高くなるので、本心では拒否したい者が無理に合意することも考えられます。そうした場合には安全の確保が難しくなってしまいます。また、②のように抽選にしてしまうと、一緒にすべきでない者同士を一緒にしてしまう可能性が出てきてしまいます。

　結局は、学級の状況が許すのであれば③もしくは②で決めることとし、そうでない場合には①の方法をとるしかないと考えられます。

● 学校は宿泊行事を担い続けられるのか

　学校の宿泊行事がいじめが進む契機となってしまった事例は多く、一部の者にそうした苦痛を与えてまで宿泊行事に価値があるのかと問われると、価値があると答えるのは難しいように思われます。他者と一緒に旅行をしたい人もいればそうでない人もいるということを前提とすれば、教育活動として全員参加を前提にした宿泊行事というものは、限界を迎えつつあるのかもしれません。企業でも職場の慰安旅行等がどんどんなくなっており、宿泊を共にして人間関係を深めるという手法は、もう当然のものではなくなりつつあります。新型コロナウイルス禍はこうした傾向に拍車をかけ、感染防止のために職場の旅行を中止する動きが進み、コロナの影響がなくなっても元に戻るとは考えにくい状況です。

　学校の状況によっては、教職員の負担が非常に大きいことも課題です。児童生徒が深夜に部屋を抜け出して問題を起こさないように、寝ずの番をしなければならないような場合もあり、こうした場合、教員の体力の面でも、責任の面でも、負担が大きすぎると考えられます。

　また、義務教育においても、宿泊行事の費用は基本的に自己負担となっており、家計の状況によっては子どもの参加が難しい場合も多くあります。

　多くの児童生徒にとって、宿泊学習による教育効果は大きく、参加を強く望む者が多いことは確実です。このように意義のある宿泊学習の実施を今後も続けていくためには、学校がいじめ対応を着実に進めるとともに、他の者と宿泊を共にすることについて不安を抱く児童生徒がいることにも配慮して、児童生徒全員が安心して参加できるようにし、さらにはそれでも参加を望まない場合には家庭学習扱いにして不参加を認めるというような対応が必要になると考えられます。

Case6 　子ども同士でけんかがあり、一方の子どもが負傷しました。互いの態度に問題が見られたのですが、負傷した子どもの保護者はいじめとして対応することを求めています。これもいじめなのでしょうか。

● **双方向で苦痛を与え合えば、両方が「いじめ」**

　「いじめ」という言葉の語感からすれば、いじめる側といじめられる側があり、一方的に行為がなされるものと考えたくなります。しかし、**双方向の行為**であることを理由に、児童生徒が他の児童生徒に苦痛を与える行為がいじめ防止対策推進法上の「いじめ」でなくなるわけではありません。

　仮に児童生徒AとBとの間でけんかがあり、Aの行為によってBが負傷したとしたら、Aの行為はBに対する「いじめ」ということになります。さらに、Bの行為によってAも苦痛を受けているとしたら、Bの行為もAに対する「いじめ」ということになり、いじめが2件あったものとして対応すべきだと考えられます。

　文部科学省が出した「いじめの認知について」という文書でも、以下のように記されています。

　　法に規定されたいじめの定義に照らすと、一般に「けんか」と捉えられる行為（一定の人的関係のある児童生徒間でなされるもの）は、なんらかの心身の苦痛を生じさせるものが多く、それらは法に基づきいじめと認知される。いじめと認知することを要しない「けんか」は、極めて限定的である。（下線は原文）

　ただ、この文書の中には、判断が微妙に感じられる例もあります。以下の例です。

> 　A君は、B君に消しゴムをちぎって投げた。B君は何度も止めてといったがA君は繰り返し消しゴムをぶつけ、けらけら笑っていた。(a)
> 　ついにB君は頭にきてA君を叩いた。すると、A君は、「叩いたな」といってB君を押し倒し、馬乗りになって何度もB君を叩いた。(b) B君は、泣き出してしまった。
> 　その後、担任が事情を確認すると、A君は、B君が最初に殴ったからやり返しただけだと主張した。担任は、A君の主張のとおり「けんか」と判断した。

○下線（a）の行為がA君からB君へのいじめであり本事案の原因となっている。
○B君の「叩いた」という行為に対するA君による下線（b）の行為は、過剰である。
○行為の結果として、B君が泣いてしまったように大きな苦痛を伴っている。よって、(例)は、A君からB君への一連のいじめとみることが適当である。

　この例では、B君がA君を叩いたことは「いじめ」とはしないことになっています。もちろん、A君の一連の行為がB君に強い苦痛を与えたことは認められますが、B君がA君を殴った行為がA君に苦痛を与えたことも考えられますし、A君がそのように主張する可能性は高いと思われます。こうした事例を双方向のいじめとしなくてよいのかは疑問です。

●「いじめ」としての対応がなぜ重要か

　「けんか」に見える事態であっても、「いじめ」として認知がなされたのであれば、いじめ防止対策推進法に従っていじめの有無の確認等の対応がなされなければなりません。積極的にいじめの認知を行うことの意義は、児童生徒間でなされた行為に関して、関連する事実関係の確認が確実になされる点にあると考えてよいでしょう。特に、片方の児童生徒の保護者がいじめとしての対応を望んでいるのであれば、保護者は事態を重く受け止めているということであり、教職員が気付いていなかった重要な事実が隠れている可能性があるのかもしれません。

　「けんか」に見える事態を「いじめ」として扱わないと、事実確認の確認が十分になされなくなる可能性があります。そうなれば、教職員から見ると事態は「お互い様」に見えてしまい、**「喧嘩両成敗」**とばかりに双方に謝罪をさせ、握手をさせる等して和解したこととし、そうした

対応をもって一件落着としてしまいかねません。

　しかし、児童生徒ＡとＢとの間で双方向で行為がなされていたとしても、**それら行為が相手に与える苦痛が同等とは限りません**。実はＡがＢに対してそれまで執拗にいじめを行った上に、Ｂを挑発していて、Ｂが我慢できずにＡに殴りかかってしまい、ＡとしてはＢが先に殴ってきたのでやり返しただけだと主張しているのかもしれません。

　このような場合、事実関係を十分に確認することなく「喧嘩両成敗」として互いに謝罪をさせるだけの対応をとってしまったら、Ｂとしては自分の受けてきた苦痛が理解されなかったことについて絶望を抱いてしまうでしょう。他の児童生徒の行為によって苦痛が与えられてきたことに加え、教職員の対応からも苦痛を与えられることになるのですから、Ｂの絶望は大変深刻なものとなる可能性が高いと言えます。

　やはり、ＡとＢとの双方向のけんかに見えたとしても、Ａの行為もＢの行為も「いじめ」として認知し、その上でそれぞれの行為の背景にどのような事実があったのかを確認していくことが不可欠です。

● 重大事態か否かについて、明確な判断基準はない

　けんかに見える事態において、一方あるいは双方が負傷した場合、いじめ重大事態として扱うかが問題になることがあります。

　すでに見たように、いじめ防止対策推進法第28条第1項では、「いじめにより当該学校に在籍する児童等の生命、心身又は財産に重大な被害が生じた疑いがあると認めるとき」が重大事態の条件の一つとされており、「生命心身財産重大事態」と呼ばれています。負傷は心身（のうちの身体）への被害であることは確実だとしても、どの程度の負傷であれば重大な被害が生じたと言えるかについては特に基準はありません。

　文部科学省の「いじめの重大事態の調査に関するガイドライン」でもどの程度であれば重大な被害と言えるかの基準は示されていませんが、以下のことを読み取ることができます。

・骨折や脳震盪は、心身の「重大な被害」である。
・被害児童生徒や保護者から、「いじめにより重大な被害が生じた」という申立てがあったとき（「いじめ」という言葉を使わない場合を含む。）は、重大事態が発生したものとする。

　また、同ガイドラインには、各教育委員会等で重大事態として扱った事例として以下が挙げられています。

○リストカットなどの自傷行為を行った。
○暴行を受け、骨折した。
○投げ飛ばされ脳震盪となった。
○殴られて歯が折れた。
○カッターで刺されそうになったが、咄嗟にバッグを盾にしたため刺されなかった。※
○心的外傷後ストレス障害と診断された。
○嘔吐や腹痛などの心因性の身体反応が続く。
○多くの生徒の前でズボンと下着を脱がされ裸にされた。※
○わいせつな画像や顔写真を加工した画像をインターネット上で拡散された。※

(※の事例については、通常このようないじめの行為があれば、児童生徒が心身又は財産に重大な被害が生じると考え、いじめの重大事態として捉えたとされています。)

　以上を踏まえれば、児童生徒が負傷した場合には、負傷の程度や被害者側の意向等を総合的に判断し、被害が重大であると考えられる要素が一つでもあるのであれば、重大事態として対応することが望ましいと考えられます。

Case7 保護者から学級担任に連絡があり、子どもがいじめられているので今日から学校を休ませるとのこと。学級担任は以前からいじめの話を聞いていながら、管理職に報告していませんでした。

● 不登校になって初めて対応が本格化するのでは遅い

　いじめ被害によって児童生徒が教室に入りづらくなり、不登校となることがあります。一回限りの被害で不登校に至ることは考えにくく、それまでいじめが継続していて、我慢の限度に達したかのように不登校に至る場合が多いものと考えられます。それまでのいじめ被害に教職員が全く気付いていないこともありえますが、学級担任等が話を聞いていたり、日記やアンケートで被害が訴えられていることを知っていたりしたにもかかわらず、組織で共有されていなかった場合もあります。知っているのに組織的に共有されなかったとしたら、そのこと自体が深刻な問題です。どれほど軽微に見えても、教職員がいじめを認知したら、基本的にその日のうちに組織的な共有がなされるようにしなければ、対応が遅れ、被害を深刻化させてしまいます。

　このように組織的な共有が遅れている場合、学級担任が**事態の深刻さを過小評価している**ものと思われます。当該児童生徒が欠席して、保護者からこの欠席がいじめによるものだという指摘があったことを受け、学級担任が事態の深刻さについての評価を適切に修正できればよいのですが、評価を修正できない可能性もありえます。

　他方、被害者側としては、すでに学級担任に相談していたのに、学級担任は何もしてくれなかったと考えており、学級担任の対応に強い不満を抱き、学校への不信感が強くなっていると考えられます。このため、保護者が学校に対して怒りを口にしたり、児童生徒本人と教職員が話したりすることを拒んだりする可能性があります。

　学級担任がいじめの深刻さを過小評価してしまう背景には、学級担任

が**被害児童生徒をどう見ているか**が影響している可能性があります。特に、「少し変わっている」「不思議なところがある」というように、当該の児童生徒に対して理解が困難であるという印象が生じている場合には、本人がいじめ被害を訴えてもうまく伝わらず、教職員が事態の深刻さを理解できなくなりやすいと考えられます。

　被害者側から見れば、学校の対応が遅れた背景に、学級担任等による深刻さの過小評価が感じられてしまい、そうした過小評価は被害児童生徒が変わり者で理解困難と見られていることによると想像できてしまうと思われます。このように考えれば、被害者側が学校に対して抱いてしまった不信感は、学校側が素朴に想像するよりはるかに深いものとなりうることが理解できるでしょう。

● 初動の遅れで失った信頼の回復は容易ではない

　いじめについて聞いていたのに対応していなかったということがあれば、そのことのみをもって、リスクが非常に高い状態にあると考えなければなりません。被害者側が学校に強い不信感を抱いている状態を早く解消しなければ、不登校が継続し、長期化してしまう可能性が高くなるはずです。当然、不登校重大事態としての対応が必要になる可能性も高くなります。

　しかし、被害者の保護者より学級担任に対して連絡がなされたことは、**学校が信頼を回復する機会を与えられたもの**としても解釈できます。被害者側では学校に対する不信感を抱いているとしても、保護者が「いじめ」という語を使って連絡することによって、学校が新たな対応をとってくれるのではないかと期待しているとも考えられます。その期待に十分に応えることができれば、信頼をある程度回復できるかもしれません。被害者側から学校への信頼が戻れば、児童生徒が安心して学校生活を送ることにもつながるはずです。

　逆に言えば、不信感を抱いているはずの被害者側からの連絡というの

は、**学校が信頼を回復しうる最後の機会**とも考えられます。児童生徒が話しても学校が対応せず、保護者から連絡しても対応しないということになってしまえば、被害者側が学校を信頼できるはずがありません。

初動の遅れによって信頼を失っていると学校が認識したのであれば、そこから時間をあけずに、徹底したいじめ対応を進めるしかありません。まずは管理職が保護者と話をし、それまでの対応の不備を謝罪した上で、学校として徹底した対応を行っていくことを約束し、具体的な対応の進め方について相談するのがよいでしょう。この段階では、被害についての被害者側の申し立てをあらためて確認し、学校として把握している事実との照合を行い、教職員や児童生徒に対して事実確認が必要な点があればいつまでに確認するのかを決めるということになるのだろうと考えられます。いじめへの対処として事実の確認は不可欠ですが、事実の確認にあまり時間はとれません。数日で事実確認を終え、被害者の保護者に報告することが望まれます。

このように、保護者からの連絡を受けて学校がすぐに対応することによって、被害者側の学校に対する不信感はいったん保留にされると考えられます。

● **被害児童生徒が安心して登校できるようになるために全力を尽くす**

いじめ被害による不登校が始まってしまったとき、被害者側が望むのは安心して学校に行ける状況が作られ、実際に被害者が安心して登校するようになることだと考えられます。国のいじめ防止基本方針においては、いじめ解消の定義として、①いじめに係る行為が止んでいること、②被害児童生徒が心身の苦痛を感じていないこと、の2点が示されており、①についてはいじめに係る行為が止んでいる期間として少なくとも3ヶ月を目安とすることが示されています。これを踏まえれば、被害児童生徒が苦痛を感じずに登校できる状態になってからいじめに係る行為がなされていないことの確認を続け、少なくとも3ヶ月は様子を見た上

で新たないじめがなされていなければ、その時点でようやく、被害児童生徒が安心して登校できるようになったと考えることが許されるものと言えます。こうした状態をいかにして実現するかが、学校に問われます。

　被害児童生徒が安心して登校できるようになるために何よりも重要なのは、**加害者にあたる児童生徒が自らの行為を反省し、態度を改めること**であろうと考えられます。このためには、加害者にあたる者がどのような認識で被害者に苦痛を与える行為をしていたのかを明らかにした上で、そうした認識のどこに問題があったのかを本人が十分に考え、今後同様のことをしないと考えられるまでに自らの態度を改められるようにする必要があります。

　加害者にあたる者がこのように自省して態度を改めるには、相応の時間が必要だと考えられます。基本編第3章1で述べたように、少しの指導だけで反省したこととして謝罪をさせるような対処では、反省や謝罪は表面的なものにしかならないはずです。加害者側への指導はじっくりと進める必要があります。

　いじめへの対処について、被害者の保護者から具体的な要望が出されることがありえます。たとえば、加害者を教室から退出させることや、全校集会や保護者会でいじめがあったという説明をすること等が要望されることがあるはずです。こうした要望に対しては、理由も含めて保護者の考えを丁寧に聴くことが必要です。そして、被害児童生徒が安心して登校できるようになるために何をすべきかという観点で検討を行い、安心して登校することにつながらないことがらについては被害者側とよく相談し、保留にしたり代替案を実施したりといった提案を行うことが求められます。加害者にあたる者が自分がしたことにしっかりと向き合うことができていない状態では、加害者を教室から出すことや、全校集会や保護者会で説明することが、加害者に対する攻撃にしかならず、問題が長期化する可能性が高くなります。被害者側からの提案を尊重しつつも、学校としての考えを丁寧に説明し、理解を得ることが重要です。

Case8 学校行事でリーダーを務める子どもに対するクラスの悪口がひどいという相談が。リーダー本人は気にしていないようですが、何もしなくてよいのでしょうか。

● 苦痛の有無にかかわらず悪口の横行は高リスク

　文化祭や合唱コンクール、運動会や体育祭といった学校行事は、学習指導要領上の特別活動の中の「学校行事」として位置付けられています。特別活動はそもそも集団活動について理解したり、合意形成を図ったり、集団や社会における生活や人間関係をよりよく形成したりすることに実践的に取り組むものです。「学校行事」に関しても、「集団への所属感や連帯感」や「公共の精神」が目標に掲げられています。

　こうしたことから、学校行事においては学級等の集団での取り組みが重視され、学級集団への「所属感や連帯感」を児童生徒が抱くことが期待されます。

　しかし、部活動や地域のサークルとは異なり、学級集団への所属は各児童生徒が望んだものではありませんし、合唱や運動等の学校行事の内容が不得意であったり嫌いであったりする児童生徒もいるでしょう。

　こうしたことから、学校行事においては、**児童生徒の活動への意欲に大きな差が生まれやすく**、意欲が高い者と低い者との利害が対立し、互いに対して不満を抱く状況が生じやすいと考えられます。こうしたことが背景にあり、意欲が低い者が意欲が高いリーダー等に対して悪口を言ったり、意欲が高い者が低い者に対して批判したりと言ったことが起こります。こうした悪口や批判が相手に苦痛を与えたとしたら、こうした行為はいじめに該当することとなります。

　もちろん、悪口や批判があったとしても、言われている側が苦痛に感じないのであれば、法律上のいじめには該当しません。しかし、苦痛があっても苦痛がないかのように振る舞うことはありえますし、本人が苦痛を自覚していなくても無意識のうちに苦痛が蓄積されてやがて我慢で

きなくなってしまう可能性もありえます。ですから、悪口や批判が確認される場合には、いじめの可能性があることを前提に指導していく必要があります。仮に言われている側に苦痛がないとしても、学級等において悪口や一方的な批判が横行しているのであれば、学級における秩序が崩れつつあり、別の機会に悪口や批判で苦痛を覚える者が出てくる可能性は高いと言えます。ですので、いじめを認知するかどうかは保留にするとしても、いじめが生じやすい高リスクの状態があるということを確認し、リスクを提言する策を講じる必要があると言えます。

● 学校行事のあり方に改善の余地はないか

では、学校行事のリーダーに対する悪口がひどいとされる状況に対して、教職員はどのように対応することが望ましいのでしょうか。

まず考えられるのは、**いかなる理由があれ、悪口を言うことは許されない**という立場をとり、悪口が言われている事実を確認した上で悪口を言っていた者たちに対して悪口を言わないよう指導することです。相手が気に入らないからと言って相手に苦痛を与える可能性が高い行為は許されないのですから、こうした指導にも正当性は認められるものと思われます。

ただ、悪口の背後に**リーダーに対する不満**があるはずですので、そうした不満についてただ我慢させるだけの指導になるとしたら、そうした指導は適切とは言えないでしょう。たとえば、リーダーが個人の事情に配慮をせずに、練習のスケジュールを組んだり作業の分担をしたりしているのであれば、そうしたリーダーの態度によって一部の成員に深刻な不利益が生じているはずです。このようなリーダーのあり方がそのまま放置されるのであれば、集団活動について理解したり合意形成をしたりするという特別活動の目標に合った活動ができていないことになり、教育として不適切です。

学校行事において児童生徒の自主性に委ねることは重要ですが、活動

の中でいじめのリスクが高まっているのであれば、教職員が介入し、互いの条件や考え方の違いを尊重しながら活動が進められるよう指導する必要があります。学校行事が自分たちの成長のためになぜ必要とされているのかを考えさせたり、音楽や運動などの活動内容が得意でなかったり好きでなかったりする人が学校行事にどのように取り組むのがよいのかを検討したり、個人の自由な時間の中で練習時間や準備時間をどのように捻出するのかを工夫したりするといったことが必要であるはずです。

　学校行事はどうしても前年度までの方法の踏襲になりやすいのですが、児童生徒をめぐる状況は年々変化しています。従来は問題が起きなかったとしても、同じ方法で問題が起きるのであれば方法を変化させなければなりません。学校行事を進める中で、児童生徒がさまざまな課題に向き合い、葛藤を乗り越えることは重要です。

●「ねばならない」から解放された「ゆるい」学校行事へ

　では、いじめの問題を乗り越えられるような学校行事のあり方とはどのようなものであり、そうした学校行事におけるリーダーとはどうあるべきなのでしょうか。

　容易に考えられるのは、互いの違いを捨象して同質性ばかりを強調するような学校行事はいじめにつながるリスクが高いということ、そして、**同調圧力**に訴えてそこから外れようとする者を非難するようなリーダーのあり方はいじめを助長するということです。児童生徒の自主性が尊重されるはずの学校行事において、同質性が強調されてしまえば、自主性の発揮に強い制限がかかってしまい、リーダーが懸命に同質性を維持しようとすればするほど、児童生徒の間に不満が強くなってしまいます。

　このように書くと、学校行事では集団で足並みを揃えて取り組むことも必要ではないかと言われそうですが、そうしたことは学校行事の中でも入学式や卒業式などの「儀式的行事」において追求されればよいのであって、ここで論じてきたような文化祭や合唱コンクール等の「文化的

行事」や運動会や体育祭等の「健康安全・体育的行事」においてまで求められるべきものではないでしょう。

　また、何らかの計画を立て、その計画通りに活動を遂行しようとするのも、ここで述べているような学校行事には相応しくないと考えられます。そもそも体験的活動においては、**活動を進めながらわかってくることが多くある**ので、あらかじめ立てられた計画を最優先する理由はありません。もちろん何の計画もなく活動を始めてしまうと混沌状態に陥って活動の継続自体が困難になる可能性があるので、計画を立てること自体には意味があるでしょう。しかし、計画はあくまでも参照されるべき資料であって、成員の合意が得られるなら途中で変更されてもよいはずです。また、活動を進める中で予期せぬ問題が生じて、活動が計画通りに進行しないことはあって当然です。そのような状況において、無理に計画通り進めようとすれば、多くの成員が不満を抱くでしょう。

　このように考えていくと、学校行事は限りなく**「ゆるい」方向を目指すしかない**ように思われます。みんなが同じようにしなければならないとか、計画通りに進めなければならないというような、「ねばならない」という規範から解放され、同調しない人の存在や計画からの逸脱を肯定的に受け止めながら活動を進めていきます。そうした「ゆるい」活動の中で、互いの特性について発見があったり、自分たちに合った活動の進め方についての発見があったりして、各学級等が集団としての個性を発揮しながら活動を進めていければ、いじめとは無縁な学校行事が進められるのではないでしょうか。こうした活動におけるリーダーに求められるのは、状況の変化を楽しみつつ、状況に応じて成員の力を発揮させながら、全体として活動が充実したものになるように導いていくことであるはずです。

Case 9 おとなしくて、いつも女子とばかり仲良くしている男子
児童がいます。他の児童から、「男のくせに」とからかわ
れている様子が見られ、いじめ被害が心配です。

● ステレオタイプからの解放こそが、いじめ防止策

　「男のくせに」「女のくせに」といった発言がなされている状況が放置
されているとしたら、それだけでいじめのリスクが非常に高い状況です。
こうした発言は、性別によって人のあり方に関する固定的な信念が抱か
れている**ジェンダー・ステレオタイプ**の表れと考えられます。性別、人
種、障害の有無等の属性による固定的な信念は、そうした信念に基づく
差別に結びつきます。おとなしい態度が女性なら何も言われず男性であ
ればからかわれるというのであれば、それは男性に対する差別です。

　こうしたステレオタイプによる差別は、社会の中で広くなされてきた
ので、差別的な考え方を多くの人が自覚なく身に付けてしまっており、
意識して考え方を変えない限りこうした差別から脱却することは難しい
ものと考えられます。大人については、ステレオタイプによるあからさ
まな差別的言動が非難の対象となることを経験の中から学び、いわゆる
ポリティカル・コレクトネス（政治的公正）として、政治的・社会的に
公正・中立とされる表現を用いることがある程度できることが期待され
ます。しかし、子どもたちの場合には、こうした態度を経験のみから学
んでいると期待するのは困難です。

　こうした差別は、差別する側が無自覚でありがちであることと対照的
に、差別される側には深刻な苦痛を与えます。自分に向けられる差別が、
個人としての自分に向けられているものなのか、自分が属する集団（男
性、日本人、身体障害者等）に向けられているものなのかが判然としな
いまま、自分が異常なのではないか、自分が努力しても報われないので
はないかといった絶望に陥りやすくなってしまいます。

　ステレオタイプによるものか否かにかかわらず、からかいが対象者に

苦痛を与えているのであれば、そのからかいはいじめに該当しますので、いじめとして組織的な対処が必要となります。その上で、ステレオタイプによる差別がからかいの背景にあるのであれば、ステレオタイプによる差別を防ぐ教育が不十分で他にも同種のいじめが起きている可能性が高いと考えなくてはならないので、学校としてこうした差別を防ぐための取り組みを広範に進めることが必要です。

● **性的少数者は教員にも傷付けられている**

　ジェンダー・ステレオタイプの問題は、**性の多様性**の問題につながります。私たちは、性別が「男」と「女」の二つのみであることを前提とした態度をとりがちです。しかし、性のあり方は多様であり、少なくとも、生物学的な性に加え、性愛の対象となる性のあり方を指す**「性的指向」**（Sexual Orientation）と自らの性の捉え方である**「性自認」**（Gender Identity）の二つの軸（**SOGI**）で性の多様性を捉える必要があることが指摘されています。たとえば、「生物学的には女性、性的指向は男性、性自認は女性」（女性異性愛者）、「生物学的には女性、性的指向は男女双方、性自認は女性」（女性両性愛者）、「生物学的には男性、性的指向は男性、性自認は男性」（男性同性愛者）、「生物学的には男性、性的指向は不明、性自認は女性寄り」（MtF ＝ Male to Femaleのトランスジェンダーの可能性あり）というように、生物学的な性、性的指向、性自認の三つの軸で性の多様性を捉えることが可能です。

　男性と女性との間での差別が問題になっている際には、多様な性が男性と女性の二つであるかのように議論がなされることになりがちなので、上記のような多様な性のあり方は議論の外に置かれることとなってしまいます。すなわち、男性と女性との間での差別を問題にすることが、性的少数者を排除するという新たな差別を生じさせてしまうことが考えられます。

　これに加え、Case3でも述べたマイクロアグレッションの問題があ

ります。日常的に性の多様性が意識されていない状況では、性的少数者が異常であることを前提とする言動が生じがちです。たとえば、同性愛に関して「まさかそういうことはないだろう」などとありえないことのような発言がなされたり、いわゆる「おネエタレント」（生物学的には男性で、同性愛、トランスジェンダー、女装等、性的少数者であることを特徴としているタレント）について「ああいう人たち」などと否定的な意味合いで一括りにしたりといったことがあります。こうした発言は、性的少数者である当事者や性の多様性を意識している人に対して苦痛を与えるものとなります。

　このように、性的少数者に対する否定的な言動は、児童生徒だけでなく教職員にも見られます。ヒューマン・ライツ・ウォッチという団体が2016年に発表した調査では、学校でいじめを受けた経験のあるLGBTの人458人のうち29%の人が、学校の先生がLGBTの人たちに対する暴言、否定的な言葉、もしくは暴言を言うのを聞いたことがあると回答していることが示されています。差別から子どもたちを守るべき教員が、無自覚に差別をしている実態がうかがわれます。

● **性の多様性という観点で、学校生活全般の再点検を**

　差別によるいじめを防ぐためには、差別はいけないということを言うだけでなく、人々の多様性やこれまで生じている差別の実態について学ぶことが不可欠です。一部の教員がLGBTの人たちに対する差別的な言動をしていることからもわかるように、差別をしている人は無意識のうちにそうしていることが多く、お題目として差別がいけないということは当然知っています。差別を防ぐためには、学ぶことが不可欠です。

　性の多様性の観点をもって学校生活全般を見れば、問題が山積していることがわかります。学校生活においては、男女で分けられることが非常に多くあります。特に、トイレ、制服、宿泊行事などは、一部の人に大きな困難を生じさせます。

トイレについては、そもそも大人の目が入りにくく、下着を脱がす等の性的な暴力等のいじめが起きやすいところです。男子用トイレでは、個室を使うこと自体がいじめの標的になることもあります。車椅子利用者等の利用を想定した多目的トイレは個室となっていますが、そうしたトイレには障害のない人は入りにくいようです。児童生徒用のトイレを教職員も日常的に利用するようにするほか、男女兼用の個室のみのトイレが当たり前のように校内にある状況が望ましいと考えられます。

　制服については、トランスジェンダー（生物学的な性と性自認が異なる）の子どもにとっては自らの性自認とは逆の性の服装を強制されることになるのですから、男女別の制服を強制すること自体が深刻な問題です。トランスジェンダーかどうかにかかわらず、男女別の制服では「男らしさ」や「女らしさ」を強調するようになってしまうので、制服の着用に苦痛を覚える児童生徒がいることは想定されます。近年、不合理な校則が問題になることが増えていますが、制服等の服装に関する校則は、合理性の説明が困難なものの典型です。比較的安価で動きやすい服が多く出回っている現状では、服装が経済格差を突きつけるというようなかつて言われた問題もなさそうですので（むしろ高額な制服の購入が辛いという声を聞きます）、少なくとも公立学校においては私服登校を基本とすべきでしょう。そうでなくても、制服は学校ごとに標準服として位置付け直し、私服での登校が認められてよいものと思われます。

　宿泊行事については、既述のようにいじめのリスクが高いものであることに加え、入浴や着替え等で児童生徒が苦痛を覚える可能性が高いものです。希望者には個室での入浴を認める等の対応がとられることが多いと思われますが、本来かなりきめ細かい配慮が必要と考えられます。

　当然、関連教科での**教育内容**も見直される必要があります。性の多様性についての学習が義務教育の課程の中に位置付けられ、適切に指導がなされるようでなければならないはずです。

Case10
生徒たちとの何気ない会話の中で、ある男子生徒の体臭がキツいと女子生徒から言われました。女子生徒たちはその男子生徒を避けているように見えるのですが、これもいじめでしょうか。

● 匂いがいじめにつながるリスクは高い

　体臭がキツいと他者から言われることは、子どもでも大人でも一般的に非常に辛いことだと考えられます。自らの身体の匂いに気付くことは難しく、知らず知らずのうちに自らの身体が異臭を放っていて、そのことで周囲の人を不快にさせていたということが突きつけられたら、恥ずかしさや申し訳なさで自らを責めてしまいます。また、自分でも身体の匂いに悩んでいる場合があり、風呂で念入りに洗ったりデオドラントの処理をしたりしていても不安が拭えないということもありえます。

　当然ですが、身体の匂いを理由に他の児童生徒が当該児童生徒に対して、嫌なことを言ったりあからさまに避けたりしている様子があり、当該児童生徒が苦痛を覚えているのであれば、いじめです。教職員がこうしたいじめを認知したら、組織的な対応をとらなければなりません。

　こうした問題の場合、いじめを認知した後の対応は特に慎重でなければなりません。被害者本人が匂いを理由にいじめられていると申し立てているならともかく、被害者からは匂いに関した申し立てがない場合、教職員から本人の匂いのことを話題にすることが被害者に新たな苦痛を与える可能性があります。

　身体の匂いがいじめの背景にあるのであれば、いじめの解消のためにも、**身体の匂いについてどう対応するのか**が課題となります。加害者側に対して指導をするにしても、匂いが気になってもただ我慢しろと言うのでは無理があります。

　身体の匂いが問題となる場合、体調あるいは体質の問題である可能性も、衛生管理に問題がある可能性も考えられます。こうした問題がある

のであれば、学校としては適切に把握し、必要に応じて本人や保護者に対する指導をすべきです。他方、学校においては児童生徒が汗をかく機会も多く、誰でも多かれ少なかれ匂いや衛生管理について注意が必要ですから、状況によっては児童生徒全体に対して匂いへの注意喚起を行うことが適切かもしれません。

　前者の特定個人や保護者への指導が必要と考えられる場合には、養護教諭が個別に話を聞く等の方法をとることが検討されるとよいでしょう。本人の体調や衛生状態に心配があるということで、入浴の状況や制服等のケアの状況を確認するのです。問題になっているということでなく、養護教諭が本人の様子を見て心配になったということにすれば、不必要な苦痛を与えることを避けられると考えられます。入浴の仕方が悪い、汗をかいた制服が毎日そのままになっている等、生活習慣を変えることで改善が可能となる場合もあります。また、皮膚科の病院を受診した方がよい場合もありえます。

　以上のように、身体の匂いが関わるいじめへの対応においては、体調管理や衛生管理も含め、総合的に児童生徒の状況を改善することが求められます。

● ケガレと差別・いじめとの関係

　いじめの事例を見ると、加害者たちが被害者を「バイキン」などとし、被害者に触ると「バイキン」が感染するとして被害者を避けるというように、被害者を穢れたものとして忌避するものが見られます。過去の日本の歴史においても、人々が**ケガレ**を恐れ、病気や死がケガレとされ、死や血などと関わりがある人さえもが穢れたものとして差別されていました。学校において、ケガレがいじめと関係しているのも、そうした歴史を反映したものとも考えられます。

　こうした問題は、Case3でも取り上げた「コロナいじめ」や「原発いじめ」の問題とも関連していると言えます。「コロナいじめ」におい

ては、まさに疫病とも言える新型コロナウイルス感染症患者だけでなく、治療にあたっている医療関係者までもが穢れたものであるかのように忌避され、差別の対象となることが見られます。「原発いじめ」においては、感染の問題がないにもかかわらず、原発事故によって放射線被曝をしたことがケガレとして扱われ、原発近くに住んでいた人が差別されました。

また、「おもらし」や嘔吐をした児童生徒が、そのことでからかわれ、その後もいじめられるということがあります。「おもらし」や嘔吐については、その場での対処がなされればその後は衛生上の問題はないのですが、一度そうしたことがあるとあたかもその人が穢れてしまったかのように扱われてしまいます。

このように、ケガレという感覚が差別やいじめにつながる問題は深刻です。ケガレという感覚はある種の**認知の歪み**（非合理的な思考）から生じるものです。すなわち、ある人が病気であったり不衛生であったりすることをもってその人を排除の対象とするというのは非論理的であり、そのように考えてしまうというのは認知の歪みが生じているということだと解されます。人権尊重の観点から見れば、病気の人や不衛生な人は適切にケアされるべき人であるというのが論理的だと言えるでしょう。

ケガレという感覚に関連するいじめを防ぐためには、このように認知の歪みを修正していくことが求められます。

● 感覚過敏への配慮も求められる

匂いといじめに関わる問題に関しては、**感覚過敏**の児童生徒がいることも意識される必要があります。

感覚過敏というのは、視覚、聴覚、嗅覚、触覚、味覚等の感覚が非常に敏感で、ある種の刺激が強い苦痛を生じさせる状況を言います。どのような刺激が苦痛を生じさせるかは、人によって大きく異なります。近年、発達障害と感覚過敏との関連も注目されるようになっており、感覚

過敏が自閉症スペクトラム症の人に多く見られるのではないかという指摘がなされたりしています。発達障害との関連についてはまだ明らかでないことも多いようですが、感覚過敏である子どもが相当数いるという前提で考えることが重要であることは間違いないでしょう。

　嗅覚に過敏がある子どもにとっては、教室における匂いの問題は深刻です。特定の匂いが強い苦痛をもたらし、吐き気や頭痛を起こすこともあります。

　匂いの問題について、他の人が大したことはないと判断することをもって、気になる人も我慢するようにさせてしまうことが考えられます。しかし、仮にそうした中に嗅覚過敏の人がいたら、強い苦痛を我慢しろと言っているのと同じです。人によって感じ方は異なるという前提に立ち、嗅覚過敏の人がいる可能性を想定して対応することが必要です。

　匂いの影響は、距離をとることや換気をすることでかなりの程度軽減されます。新型コロナウイルス禍において、感染防止の観点から、人と人との距離をとることや換気をとることが徹底されるようになり、学校においても対応がなされています。こうした学校のあり方は、新型コロナウイルスのこととは別に、感覚過敏など他の人と近くにいることが辛い人にとっては過ごしやすいものになっている可能性があります。

　小学校においては、学級定員を40名から35名に減らす措置がとられることが決まっており、教室の広さはそのままに学級あたりの子どもの数は減っていくものと考えられます。教室の広さには余裕が生じますので、新型コロナウイルス感染症の問題が収まったとしても、一人一人が一定の距離を置けるような机・椅子の配置を維持し、感覚過敏の子どもが安心して過ごせるようにすることが考えられるとよいでしょう。

Case11 アンケートに「いじめられている」と書いていた生徒に話を聞くと、「学級で他の生徒から嫌なことを言われるが、自分が先生に話したことは知られたくない」とのこと。どう対応すればよいでしょう。

● 被害者側の意向を尊重して対処を進める

　いじめ被害の訴えを受けて学校が対処を進める際、当然ですが、**被害者側の意向を尊重すること**が前提となります。特に、被害者側に、自分が相談したことを知られたくないという意向がある場合、この意向に適切に配慮することが必要です。

　児童生徒はいじめが許されないことを基本的に知っていますから、あからさまにいじめを行うことは例外的だと言えます。自分たちが行っているのはいじめではないという体裁をとりながら、いじめに該当する行為を進めることが一般的です。基本編第2章1で述べた「ダブルバインド型いじめ」がこれにあたります。いじめでないという体裁をとったいじめがなされた場合、被害者側がいじめを受けたという訴えをしても、加害者側はいじめでないものをいじめとみなされたとして、被害者側を非難することが考えられます。こうなると、被害者としては、さらに苦痛を与えられることになってしまいます。

　こうした事情を考えれば、被害者側から自分が相談したことを知られたくないという要望が出された場合、学校としてはまずは何としても情報提供者を知られずに対処を進めなければなりません。

　情報提供者を知られずに対処を進める方法は、いくつかあります。

　第一に、第三者から情報提供があったことにする方法です。被害者から、当該のいじめについて事情を知っていそうな者がいるかどうかを確認し、数名以上の者が事情を知っているのであれば、何人かの人が気にして教えてくれたということにして、情報提供者を知られない形で加害

者と考えられる者たちに話を聞くことが可能です。

　第二に、教職員が気付いたことにする方法です。この場合には、被害者側からの情報提供なしに教職員が気付く可能性を検討しておくことが必要となりますが、無理のない説明ができれば情報提供者を詮索される心配はありません。

　第三に、具体的な事実に言及せずに対処する方法です。この場合には、一般論として嫌なことを言って傷つけるようなことが心配だ等の話をする程度のことしかできませんが、教職員がある種のいじめに関心をもっていることが伝えられれば、同様のいじめを抑止できる可能性はあります。

　以上のように、情報提供者を隠して対処することは一定程度可能ではあります。ただ、こうしたやり方ではどれも限界があることも事実です。

● 状況によっては途中で方法を変更する

　情報提供者を隠した対処を行うことにした場合、一定の対処がなされた時点で被害者側に状況を報告し、その後の対処について相談することとなるはずです。

　この際、状況によっては、**方法の変更について相談をする**ことが必要かもしれません。すなわち、被害者側からいじめ被害について申し立てがあって調べているということを加害者とされる側に示すことが検討されるべきかもしれません。

　情報提供者を隠したまま対処を進めると、どうしても言えないことが多くなってしまい、関係する児童生徒から話を聴く際に、具体的なことがらに踏み込みにくくなってしまいます。被害者からの申し立てに添い、一つ一つの事実について心当たりがあるかどうか等を尋ねていくことができれば、事実関係についてどの点で一致してどの点が異なるかを確認することができます。被害者側からの申し立てがあることを伝えながら対処する方が、事実確認が進みやすいと言えます。

　もちろん、当初は自分から相談したことを知られたくないという希望

が被害者側にあったのであれば、途中の段階でも知られたくないという考えは変わらないかもしれません。しかし、学校による対処が始まり、学校が被害者の意向を尊重しながら丁寧に対応していることが理解される中で、**被害者側の考えが変わることは十分にありえます**。教職員に相談したことについて加害者と考えられる側が被害者を非難するようなことがあれば、学校側ではさらにそうしたことについて指導することができるのですから、基本的には被害者側から相談があったことが加害者と考えられる側に伝わっても、被害が深刻化するリスクはあまり高くないと言えます。他方で、情報提供者を隠したままで事実の突き合わせがあまり進まなければ、加害者とされる側への指導が制限されますので、加害者とされる側の態度を十分に変えられない可能性が高く、被害が深刻化するリスクが高いと言えます。

　被害者側から相談があった当初の段階では、被害者側にこうしたことを理解してもらうは難しい場合が多いと思われます。しかし、対処が進む中で学校への信頼が高まることによって、こうしたことについての理解が可能となる可能性は十分にあるので、途中の段階で方法を変えることを考えておくとよいでしょう。

● 被害者を徹底的に守る

　事実関係がどこまで確認できるかは、事例ごとに異なります。どれだけ確認を進めても事実関係が確認できない場合も、粘り強い指導によって事実関係が確認できることも、あっさりと早い段階で確認できることも、ありえます。いずれにしても、学校としては最善の努力をして事実関係の確認をすることが必要です。短期間内で確認できた事実関係を踏まえ、その後の対処を進めることになります。

　事実関係の確認と並行して、被害児童生徒が安全に安心して学校生活を送れるようにするための対処を進めることになるでしょう。その際、被害児童生徒が何を不安に思うかを確認し、そうした不安に寄り添い、

そうした不安が取り除けるようにする必要があります。

当然ですが、被害児童生徒には、**加害児童生徒が同じことを繰り返すのではないかという不安**があるはずです。加害児童生徒に教職員から指導を行うことによって同様の行為が止まることが期待できるのであれば、指導をして様子を見るということになるでしょう。教職員から指導をしても、加害生徒が教職員の目を盗んでいじめに該当する行為を行う可能性があるということであれば、休み時間にも必ず教室に教員がいるようにする等して、行為を抑止することになるかもしれません。

場合によっては、教職員が教室にずっといたとしても不安が消えないので、教室に入りたくないという話になるかもしれません。こうした場合、もちろん別室登校等の対応をとることはありえます。しかし、いじめの被害を受けた側が教室に入ることができず、教育を受ける権利を奪われるのは、本来まずいことです。学校側がこうした対応が当然であるかのような態度をとってしまうと、被害者側としては学校の対応に不満を抱くことになりかねません。**被害者が教育を受けられないような状況をつくることは、できる限り避けられるべきです。**

被害者が加害者のいる教室に入りたくないのであれば、被害者でなく加害者が教室から離れるべきだという考え方もありえます。いじめ防止対策推進法第26条でも、教育委員会が**出席停止**等、「いじめを受けた児童等その他の児童等が安心して教育を受けられるようにするために必要な措置」を速やかに講じるべきことを定めています。Case15で詳しく見ますが、唐突に加害者に対する出席停止措置をとろうとしても、加害者側から強い不満が出され、学校と加害者側との間で深刻な対立に至る可能性があります。出席停止措置が必要となる場合には、加害者側への指導において、第1段階では「次に同様のことがあったら出席停止措置をとらざるをえない」という予告をしておき、第2段階で初めて出席停止措置をとるようにし、実際に出席停止を行うことより、出席停止措置がありうることを伝えていじめを抑止するのが適切ではないでしょうか。

　　部活動でのいじめ被害を訴える生徒がいます。加害者とされる生徒は顧問のお気に入りで、顧問に言うと揉めることが予想されます。どのように解決していったらよいでしょうか。

● 部活動のいじめリスクは高い

　いじめが発生するのは学級においてばかりでなく、部活動においてもいじめが起こることがあり、深刻化することも珍しくないので、部活動のいじめリスクは高いと考えられます。小学校にも部活動はありますが、以下では中学校や高校を念頭に置くこととします。

　背景には、**部活動の特性**があります。部活動というのは、学校においてなされる教育活動ではあるものの、教育課程外の活動とされています。顧問による指導があるものの、生徒たちの自主的な活動に委ねられている部分が多くあります。部活動には生徒が自らの好きなことを楽しむという面があるものの、多くの部において部員一丸となって大会やコンクールに向けて取り組む面があります。部活動に所属する生徒は学年が違っても同じ部員であり学年が低くても能力の高い生徒がいることがありますが、学年による先輩・後輩の関係が厳しい場合が多く、後輩には先輩の指導に従うことが求められます。このように、部活動にはさまざまな点で二面性があり、部活動内の人間関係に関しても基準が曖昧なことが多く、こうした曖昧さの中でいじめが起きます。

　具体的に述べましょう。たとえば、運動部に身体の弱い生徒が入ったとします。その生徒は体調が悪いことが多く、部活動を頻繁に休みます。部活動は生徒が好きな活動に自分なりに取り組むものだと考えれば、体調のよい時だけ部活動に出ても問題はないはずです。しかし、他の多くの部員にとっては、大会に出場するために部活動を最優先にする生活を送っていたりして、休んでばかりいる部員はやる気がないように感じられてしまいます。それでも部活を休むことは建前として否定できないの

で、休みがちな部員に対しては陰で嫌がらせがなされることとなります。

　また、幼い頃から楽器を習っていた1年生の生徒が、音楽系の部活動に入ったとします。楽器の実力は明らかに2年生や3年生より上ですが、楽器パートごとの練習は上級生がリードして進めることになっていることがあります。悪気はないのかもしれませんが、初心者の1年生たちが先輩より楽器の上手な1年生に助言を求めることが出てきます。このことが上級生は面白くないので、1年生たちに嫌がらせのように面倒な作業をするよう指示し、うまくできないと強く叱るようになってしまうかもしれません。

　以上のように、部活動の曖昧な性質の中で、部員の中に不満が生じてもうまく解決できない場合が出てきやすく、陰湿ないじめにつながるリスクが高いものと考えられます。生徒の自主性を尊重するのであれば、部長の生徒を中心として自分たちで問題を解決できることが理想かもしれないのですが、部長やキャプテンの生徒が特に問題解決の方法を学習しているわけではなく、組織運営能力が特に高いとも限らないので、生徒たちの自主性に委ねた結果、問題がどんどん深刻化するということになりかねません。

● 部活動を治外法権にしない

　学級でのいじめへの対応については、学級担任、学年主任をはじめとする当該学年担当教員、生徒指導主事等の生徒指導やいじめ担当の教員、管理職というように、多くの教員が複数の階層をなして対応に当たることになっている学校が大半であろうと考えられます。しかし、部活動でのいじめについては、事情が異なります。各部の活動は顧問の教員に委ねられていることが多く、学年の教員が部活動の問題に関わることはあまりありません。このため、部活動でのいじめでは、顧問が生徒指導主事や管理職などとしっかり連絡をとらなければ、**顧問のみで対処することとなりがち**です。顧問だけで対処しようとした結果、組織的な共有が

遅れ、生徒指導主事や管理職が報告を受けた段階では事態がかなり深刻化してしまうということになりかねません。

　そもそも、学級における授業や特別活動については、いつどのようなことを行うのかが他の教員にも共有されていることが多いのですが、部活動の内容については顧問の裁量が大きく、顧問以外の教員にとっては何がどのように行われているのかがわかりにくいものです。部活動における体罰が問題になってきたことからもうかがわれるように、顧問が極端な方法で指導していても、それを誰も止められないという事態に陥りやすくなります。顧問が気に入っている生徒であれば何をしても許されるという事態も、生じかねません。

　ひどい場合には、部活動内でのいじめが問題になっても、生徒指導主事や管理職が顧問に遠慮して何もできないということもあります。

　基本編第3章2でも見たように、部活動は顧問以外の教員が関与できない治外法権の状況になりやすく、そうした中でいじめの問題が発生しても、学校としていじめを認知したりいじめに対処したりすることが難しくなりやすいと言えます。当然ですが、部活動が治外法権でよいはずはなく、部活動における問題について生徒が顧問以外の教職員に相談しやすくし、日頃から生徒指導主事等が部活動内の生徒の様子について顧問とコミュニケーションをとるようにする等、部活動におけるいじめにも迅速に組織的対応ができるようにしておく必要があります。

● SNSでのいじめにも注意する

　中学生や高校生の部活動においては、**部内の連絡にSNSが使われる**ことが多くあります。学級におけるSNSの利用は基本的に非公式なものと言えますが、部内でのSNSの利用は半ば公式なものであり、SNS利用に慎重な生徒もSNSでのコミュニケーションに参加することになりがちです。また、大会やコンクールの際等に写真や動画を撮影する機会も多く、そうした写真や動画がSNSを通して広がることもあります。

SNSの利用があれば、SNSがいじめに使われるリスクが生じます。SNSで悪口が書かれたり、特定の生徒を外したグループが作られたりすることもあります。また、部活動の連絡がSNS中心となってしまい、スマートフォンを使っていない生徒に部活動の連絡がなされず、活動に参加できなくなるということもあります。写真や動画では、特定の生徒が写っていない写真がSNSのプロフィール画面のアイコンや背景に使われたり、ユニフォーム姿の写真や動画に性的なメッセージがついたものが拡散したりといった問題が考えられます。写っている人の許可なく、部活動の様子の写真や動画を拡散してしまうこともありえます。

　また、部活動では保護者が応援等に参加し、生徒たちの写真や動画を撮影する機会が生じることがありえます。保護者同士のSNSでのコミュニケーションの中で、特定の生徒に否定的な内容が流れたり、特定の生徒が外れている写真が共有されたりすることがあれば、そうした保護者の行為が生徒間のいじめを助長することもありえます。

　こうしたSNSでのいじめは、あからさまな暴力や暴言などと異なり、相手に苦痛を与える意図はなかったと行為者が言い逃れできそうなものとなりがちです。たとえば、特定の生徒が写っていない写真が使われても、それはたまたまであり、写っていない生徒を意図的に排除するつもりはなかったという言い逃れが許されてしまいそうです。このようないじめは、被害を受けた側が被害を訴えようとしても、「自意識過剰ではないか」などと反撃される恐れがあるもので、基本編第2章1で述べた「ダブルバインド型いじめ」にあたり、対応に注意を要するものです。

　部活動においては、SNS利用においてトラブルが生じやすいことを前提に、部活動内の連絡等でSNSを利用する際のルール等をよく確認し、スマートフォン非利用者等SNSを利用できない者が困ることがないようにすること、トラブルがあれば顧問や他の教職員に相談すること、たとえ苦痛を与える意図がなくても相手に苦痛を与える行為がなされることは許されないこと等を徹底する必要があります。

Case13 キレやすい児童がいます。このところ、体育の授業などで他の児童とトラブルになり、相手に殴りかかろうとして周囲がなんとか止める状況が頻発しています。

● 衝動性はありうるものという前提で対処する

衝動性が強く、我慢できなくなってしまうと他の人に対して暴力を振るってしまったりする児童生徒がいます。相手を負傷させたり自らが負傷したりする可能性があり、大変危険です。学校としては、児童生徒のこうした状態は看過できません。実際に他の児童生徒に殴りかかる等して、その相手が苦痛を覚えれば、いじめをしたこととなってしまいます。こうしたいじめ事案が生じた場合、被害者が安心して過ごせるようにするためにも、同様の事態の再発をいかに防ぐかが課題となります。

衝動性が強い状態というのは、自分で自分の感情や行動を適切にコントロールできないので、対処として本人を厳しく叱ってもあまり効果は期待できません。厳しく叱れば本人を追い詰め、自己肯定感を下げてしまうだけで、再発防止にはつながりません。

衝動性があるというのは、嫌なことがあった場合に急激な感情の変化が起こり、その感情を自ら抑制することができず、怒りに任せて暴力等の行動に走ってしまいやすいことを意味します。生理的なレベルで興奮しやすかったり、不安や恐怖が強く自分を過度に守ろうとして攻撃的になりやすかったり、論理的思考が不得意で正当な扱いがなされているのに自分が不当に扱われていると考えてしまったり、ソーシャルスキルが低く感情的にならずに自らの意見を主張することが苦手であったりと、いくつかのことが重なって、キレやすい状態が生じているものと考えられます。

こうした状態の児童生徒に対して、教職員が感情的になって非難したり、「いつもそうじゃないか」と当該児童生徒を否定的に評価したり、「勝手にしなさい」などと見捨てるようなことを言ったりしてしまうと、

当該児童生徒の不安や恐怖が高まって状況が悪化するばかりです。

　キレやすい児童生徒に対しては、大人が見捨てずに関わり、本人の努力を温かく認めながら、怒りに対処するための**アンガーマネジメント**について指導することが求められます。保護者の理解と協力を得て、こうした取り組みを時間をかけて進めることによって、本人が自らの怒りの感情を抑えたり、周囲に助けを求めたりすることが少しずつできるようになるものと考えられます。キレやすい児童生徒に対して厳しい指導をするのではなく、温かく本人を支える対応が必要と言えます。

● キレさせる行為に厳正に対処する

　児童生徒AがBに対してキレて暴力を振るえば、AからBへのいじめかもしれません。ただし、Aの暴力の背景にBがAに対してキレさせようとしてAが嫌がる言動がなされたのであれば、そうした言動はBのAに対するいじめだと言えます。

　学級等にキレやすい者がいる場合、一部の者がそうした者に対して挑発を行い、**意図的にキレさせようとする**ことがあります。キレて暴力を振るってはいけないことを逆手にとって、キレさせて注意を受けさせようとするのです。キレる者を懲らしめたい気持ちや、どんな挑発でキレるのかを試したい気持ちが働いているものと思われます。

　こうした挑発行為は許されるものではありませんし、仮に挑発行為によって相手が苦痛を覚えたと認められれば、挑発行為自体がいじめだということになります。挑発行為を行っている者にはいじめだという自覚がない可能性が高いことを踏まえ、厳正に対処することが求められます。

　厳正に対処すると言っても、教職員が一方的に厳しく指導するということではありません。挑発をした者が相手に対してどのような気持ちをもっていたのか、挑発をすることによってどのような結果が生じることを予想していたのか等について丁寧に話を聴き、その内容のどこにどのような問題があったのかを考えさせることが必要です。こうした挑発行

為を行う者には、以下のような認知の歪みがあると考えられますので、このような認知の歪みを確認した上で、修正していくことが求められます。

・キレることは周囲に迷惑を与える行為であり許されないが、挑発することは許される。
・キレるのは本人の責任であり、挑発した者にはキレさせた責任はない。
・キレやすい者は制裁されるべき対象であり、心配をされたり支援されたりすべき対象ではない。

　こうした認知の歪みが修正され、挑発する行為がキレることと同等に危険なことであり、明確な悪意があるという点でキレること以上に悪質であることが理解されるようになることが求められます。そして、キレやすい特性をもっている人がキレなくて済むようになるには、**本人の努力だけでなく周囲の理解や支援も重要である**ということが理解されれば、なお望ましいと言えます。

● **他者危害リスクに徹底した対応を**

　多様性の尊重や共生社会の実現は重要であり、学校においても国や文化のルーツ、性別、障害等、多様な個人の尊重が重要な課題となっています。こうした多様性の尊重には、自由、平等、参加といったことが権利として保障されることが前提となります。
　たとえば、服装について学校が校則で規定している際に、外国にルーツをもつ児童生徒が自文化に合った服装について許可を求めることがありえます。また、トランスジェンダーの可能性のある児童生徒が制服の着用の免除を求めることがあります。起立性調節障害の診断を受けている児童生徒が登校時刻を遅らせる配慮を求めることがあります。
　学校としてはこうした場合に事情をよく確認した上で、学校生活に相

応しい服装であれば私服等を許可する、登校時刻を遅らせることを許可して遅れた分の学習を別途補う等の対応をとることが考えられます。自由や平等、そして教育活動への参加といったことを保証することが重要ですから、仮に校則等の定めに反するとしても例外的な対応をとることになるでしょう。また、例外的としていた対応が求められることが多くなれば、校則を改正する等してルール自体を変えるかもしれません。

　以上のような対応であれば、学校が柔軟な姿勢をとることで、かなりの程度のことができるはずです。しかし、ここで取り上げてきたキレやすい児童生徒に関しては、同様の対応は困難です。キレて暴れることを許容する、というわけにはいきません。

　一般に、自由を尊重するというときには、何らかの留保条件がつきます。代表的な留保条件が、「他者に危害を加えない限り」というものです。自由を最大限尊重する立場をとったとしても、他者に危害を加える自由を認めることは原理的に不可能です。なぜなら、他者に危害を加える自由が認められてしまうと、危害を加えられた人は自由を奪われてしまうからです。

　この意味で、キレて暴力を振るうことは、校則で定められた服装を守る等とは異なる高い水準で許されないことと言えます。当然、キレさせて暴力を振るわせることもこの水準で許されません。さらに言えば、心身を傷つけるようないじめ行為全般がこの水準で許されないこととなります。

　キレて暴力を振るう可能性がある児童生徒がいるのであれば、学校としては深刻ないじめを防ぐことと同水準で、暴力による被害が生じることを防がなければなりません。キレやすい児童生徒に対して、対応の方針を定め、温かく当該生徒を支え、暴力を振るわずに生活できるようにしていくことが求められます。

Case 14 いじめ被害に遭って欠席している生徒の保護者から、加害者が心から謝罪しない限り登校させられないと言われています。他方、加害者はすでに謝罪は終わっているので、もう謝罪はできないと言っています。

●「心からの謝罪」の難しさ

　いじめの被害者やその保護者が、加害者からの謝罪を求めたくなることは当然のことです。この際、求められるのは心からの謝罪であり、基本編第3章1でも述べたように、形式だけの謝罪ではありません。

　しかし、被害者側が**心からの謝罪**だと認めるような謝罪がなされることは、大変困難なことです。心からの謝罪というのは、自らが行ったいじめ行為と向き合い、自らの態度にどのような問題があったのかを考え、被害者に与えた苦痛の大きさを我が事のように受け止め、被害者にどのように償うかを申し出るとともに、今後再発防止のために何をするかを述べるといったことを、誠実な態度で行うことだと考えられます。一つ一つの内容が適切でなければ、被害者側としてはよく考えていないと評価せざるをえないでしょうし、誠実さが感じられなければ口だけだろうという評価になるでしょう。そもそも被害者側が謝罪を求めていたり、教職員や加害者側の保護者が謝罪するよう指導したりしている場合には、謝罪するよう言われたのだから謝罪をしたのだろうと感じられてしまい、誠実さが疑われてしまいます。

　もちろん、法律上は「いじめ」であっても、相手にぶつかって負傷させてしまった等、過失で相手に苦痛を与えたような場合には、加害者側がすぐに謝罪して、被害者側としても謝罪を受け入れるということが難しくない場合が多いでしょう。しかし、長期にわたって嫌がらせをしていた等、過失ではなく悪意があったとしか考えられないような場合には、すぐに謝罪がなされても被害者側としては誠実さを疑うしかありません。

　被害者側が謝罪を求めたいことは当然ですが、深刻ないじめ事案にお

いては、短時間で加害者が自らの行為を受け止め、考え方や態度を変えるとは考えられないので、**時間をかけずに「心からの謝罪」がなされることはありえません**。学校としては、加害者に対する指導に時間が必要であるということについて被害者側に理解を求め、加害者側に対する指導の方針を示し、1ヶ月から数ヶ月後の段階であらためて指導の状況を報告する等、時間をかけて指導することについての合意を得るよう努力することが求められます。

　なお、加害児童生徒への指導に時間がかかることはありえますが、加害者の保護者には早い段階で問題の深刻さについて理解を得て、加害者への指導に対する協力を求めることが必要です。そうした中で加害者の保護者から、被害者側に謝罪したい意向が示されることがありえます。**保護者による謝罪**については大人同士の問題ですので、加害者側の意向を学校から被害者側に伝えることは差し支えないと考えられます。被害者側からは、保護者だけの謝罪なら不要と言われる可能性が高く、謝罪の場を設けられるかどうかわかりませんが、被害者側としては加害者の保護者がどう考えているかという疑問があると考えられますので、謝罪の意があることを伝えるだけでも意味はあるはずです。

● 100%の和解はありえない

　深刻ないじめ被害があった場合、仮に加害者から心からの謝罪があったと認められたとしても、被害者が苦痛を受けた事実が消えるわけではなく、被害者と加害者との間で**100%の和解が成り立つということはありえません**。謝罪がなされたことをもって、これからは仲良くするように教職員が言うことが考えられますが、こうした教職員の言動は被害者の苦痛を軽視するものであり、被害者に新たな苦痛を与えうるものです。教職員の側では、被害者と加害者には仲良くしていた時期があり、そうした時期に戻ることができるのではないかと期待するのかもしれませんが、被害者側としては深刻な苦痛を与えた相手と元通りの関係になるこ

とは難しいでしょうし、そもそも仲良く見えていた時期にも苦痛を与えられていたという思いがあるのかもしれません。加害者がどれだけ真摯に謝罪したとしても、被害者側では加害者への疑念は消えていないと考える必要があります。

　謝罪がなされて以降も、完全な和解がなされないまま、学校生活が継続されることとなります。時間が経過する中で、加害者が反省している様子を被害者が感じることが重なり、被害者が徐々に加害者を許すことはあるかもしれません。しかし、逆に、加害者の態度が根本的には変わっていないことを感じて、被害者が不安を覚えたり、過去の苦痛に再び襲われたりするかもしれません。こうした意味で、いじめの問題に終わりはないと考える必要があります。

　このように考えれば、謝罪がなされて以降も、**加害者の態度は常に試されている状態に置かれなければならず**、再度、被害者に苦痛を与える行為がなされた場合には、すぐに被害者が守られるようにしなければなりません。

　なお、犯罪に関しては被害者や加害者を含む関係者が一堂に会して犯罪に関する問題を解決しようとする取り組みとして、「修復的司法」があります。これを応用し、日本において、いじめの問題の解決に**「修復的対話」**を導入する試みが行われ始めています。謝罪ではなく当事者同士が対話をすることを通して、加害者が自らの過ちに向き合い、他の人々に支えられながら態度を変えていくことができ、被害者もこうした過程に関与することができれば、理想的な関係修復ができる可能性があります。現状ではまだ取り組みの事例が少なく、被害者と加害者が直接対話をすることによって被害者が新たな苦痛を覚えてしまう等の懸念も考慮される必要があることから、こうした手法をすぐに広げられる段階にあるとは言えません。しかし、こうした取り組みに注目することは必要と考えられます。

● 節目の時期ごとに状況の確認を行う

　いじめの問題に終わりがないという前提に立てば、謝罪がなされた後も含め、学校としては**継続的に状況を確認する**必要があります。こうした確認は、関係する教職員の熱意に委ねられるのでなく、組織的・計画的になされるべきです。

　国のいじめ防止基本方針では、いじめの解消について「単に謝罪をもって安易に解消とすることはできない」と明記していて、Case7でも見たように、少なくとも、いじめに係る行為が少なくとも３ヶ月止んでいることと、被害児童生徒が心身の苦痛を感じていないことの二つの要件が満たされることが必要であるとしています。このことを踏まえると、謝罪がなされる等した段階から３ヶ月は継続的に様子を確認し、たとえば毎週１回の生徒指導部会等において状況の確認を続ける必要があります。

　そして、３ヶ月間特段の変化がなかったとしても、学期末、年度末等の区切りの時期において、あらためて状況の確認を行うことが望ましいと言えます。事案の深刻さ等を勘案し、被害者の保護者に対して、こうした区切りの時期や面談の際に何か心配なことはないかと確認することも必要でしょう。加害者側に対しても、一定の時期ごとに状況を聞くことが望まれます。

　また、被害者が卒業したり転出したりする際には、何かあったらいつでも学校に連絡をしてもらうよう伝えることも望まれます。いじめ被害による苦痛は、大人になっても残る場合があります。卒業や転出によって学校が対応を止めてしまうということになれば、被害者は学校から見捨てられたと感じ、深い絶望に陥ってしまうかもしれません。学校がいじめに終わりはないものとし、ずっと気にかけていることを伝えることによって、多少なりとも被害者が救われる可能性があります。

いじめの被害に遭った生徒が別室登校をしています。本人も保護者も、少しずつ教室復帰をしていきたいという希望をもっていますが、本人にはまだ不安が大きいようです。

● 徹底した安全確保を前提として教室復帰を目指す

　本来、いじめ被害を受けた者が教室で授業を受けられないという不利益を被るのはおかしいことです。学校としては、**被害者が安全に安心して授業に参加できる状況**を作る必要があります。

　被害者の不安がどのようなものかによって、対応は異なるものと考えられます。加害者から新たないじめを受けることが不安な場合もあれば、特定の加害者だけでなく教室の多くの児童生徒が自分に対して嫌な態度をとることが不安な場合もあるでしょう。あるいは、しばらく教室に入っていなかったので、なんとなく不安だということもあるかもしれません。教員やスクールカウンセラーが本人の話を丁寧に聴いた上で、安心して教室に入れるようにするために必要な対応を検討する必要があります。たとえば、授業担当者とは別の教職員が一緒に入って毎日1時間だけでも教室で過ごしてみるとか、一部の児童生徒に支えてもらえるようにするために教室に入る前に一緒に昼食をとる機会をもつようにする等の対応が考えられるでしょう。

　被害者側から、教室に入っているときには必ず教職員がいて、加害者が被害者に接触しないよう見ていてほしい等の具体的な要望が出される場合もあるでしょう。こうした場合、授業中はもちろん休み時間も含めて教職員が当該学級にいられるような体制をとる必要があります。このような対応を無期限で実施することは難しいでしょうから、まずは1週間あるいは2週間程度の期限を区切り、期限が近づいたらどうするかをあらためて相談することにしておくとよいでしょう。

　嫌なことが生じた場合の**逃げ場や相談先**を確保しておくことも必要です。逃げ場としては、保健室や職員室等が考えられます。トイレなど教

職員が気付きにくい場所に行ってしまうと適切な支援を行いにくくなりますので、教職員が気付ける場所を決めておくことが重要です。保健室に他の児童生徒がいる場合等も想定し、複数の場所を決めておくとよいかもしれません。相談先としても、養護教諭やスクールカウンセラー等、複数の教職員に相談できるようにしておければ安心です。

　なお、被害者が、終日あるいは一部の時間、別室で過ごしている期間に関しても、その間に出られなかった授業で扱われている内容について**被害者が別室や家庭で学習できるよう、学校側で対応する**必要があります。教員がずっと個別指導することが難しい場合でも、教材を渡して自習ができるようにしたり、授業の動画を撮影して視聴させたり等、方法を工夫して対応することが求められます。

● 加害者を教室から退去させる措置を検討する

　被害者側が安全に安心して学級に入れるようにするために、加害者が再度被害者に苦痛を与える行為があった場合には、安全が確保できるまで加害者を教室から退去させる措置をとることを検討しておく必要があります。

　このように書くと、いじめをした児童生徒を**出席停止**にさせる措置をとるのだと思われるかもしれません。しかし、Case11でも少し触れたように、ほとんどの場合、法で定められる出席停止措置を適用することは適切ではありません。

　いじめ防止対策推進法第26条では、市町村の教育委員会がいじめを行った児童生徒の出席停止を命ずる等、被害児童生徒や他の児童生徒が安心して教育を受けられるようにするために必要な措置を速やかに講じるものとしています。この出席停止措置は学校教育法第35条及び第49条に定められているもので、他の児童に心身の苦痛を与える等の行為を繰り返し行う等の性行不良があり、かつ、他の児童等の教育に妨げがあると認められる場合、市町村教育委員会は、当該児童等の保護者に対し、

当該児童等の出席停止を命ずることができるとしています。

　いじめの加害者から被害者を守るために、この出席停止措置を積極的に活用すればよいという主張がありえますが、この措置をいじめへの対処に活用することは困難です。文部科学省の「令和元年度 児童生徒の問題行動・不登校等生徒指導上の諸課題に関する調査結果について」によれば、令和元年度中の出席停止措置は全国で6件であり、いじめによるものはありません。過去20年ほどを見ても、いじめによる出席停止措置が10件以上となっている年はなく、いじめへの対処としての出席停止制度が実質的に機能したことはなかったと言えます。この出席停止制度はそもそも公立の小中学校のみに適用される制度であって、国立・私立の学校や高等学校等には適用されません。そして、制度の運用には厳格さが求められており、市町村教育委員会が対象となる児童生徒の保護者や本人からの意見聴取を行い、校長の判断を尊重しつつ決定しなければならず、文書の交付も必要となります。当然、ある程度の時間がかかりますし、対象となる児童生徒側から理解を得ることが難しい場合が多いでしょうから、いじめの問題が生じている状況において緊急避難的に適用できるものではありません。

　現状で、いじめの加害者から被害者を守る目的で加害者を一時的に教室から離れさせる等の措置をとるには、文部科学省が2007年の「問題行動を起こす児童生徒に対する指導について」という通知の別紙として出した「学校教育法第11条に規定する児童生徒の懲戒・体罰に関する考え方」によるしかないようです。ここでは、授業中に児童生徒を教室内に入れないもしくは退去させる措置について、当該授業に代わる指導が別途行われるのであれば懲戒の手段として行うことは差し支えないことが定められています。さらに、児童生徒が他の児童生徒の学習を妨げる場合に、やむを得ず教室外に退去させることは、懲戒に当たらず、教育上必要な措置として差し支えないとも定められています。

　このように、被害者を守る目的で加害者を教室から退去させる等の措

置については、法令上の検討が十分なされているとは言いがたく、文部科学省の通知の別紙に頼るしかないのが現状です。学校が適切に被害者を守ることができるようにするために、制度の抜本的見直しが求められます。

● 教室から退去させる措置をどのように扱うか

このように制度上は加害者を教室から退去させる措置は脆弱なものですが、被害者が安全に安心して教室にいられるようにするためには、加害者を教室から退去させるようにすることを検討する必要がある場合があります。

加害者の座席を被害者から離し、グループ活動等においても被害者と加害者を別のグループにする等、**被害者が加害者と物理的な距離をとる**ことは当然必要です。それでも被害者は加害者から嫌なことをされることについて不安があるような場合に、必要に応じて加害者を教室から退去させる措置をとることを前提に加害者に対する指導を行うことが考えられます。加害者本人及び保護者に対して、被害者に対する接近は控え、被害者が嫌がる行為を絶対に行わないことを確認した上で、念のための想定として、嫌なことをされたと被害者側から申し立てがあった場合には、**安全が確保できるまで教室から退去してもらい別室で学習してもらう措置をとることがありうる**ことを、あらかじめ通告し、このことに了承を得ておきます。当然、実際に嫌なことをされた旨の申し立てが被害者からあった場合には、通告の通りに、加害者をいったん教室から退去させて事実確認や必要な指導を行うこととするものです。

教室から退去させる措置を実際にとる必要があるようでは、加害者側への指導が不十分だったということになります。基本的には、このような想定をしておくことによって被害者が安心して過ごしやすくなり、加害者にも自制が促されることが期待されます。

4 重大事態の局面

Case16 　子ども同士でふざけ合っていたところ、片方の子どもが転倒して骨折してしまいました。このような事案も、いじめ重大事態として扱うべきなのでしょうか。

● 学校における事故対応として

　児童生徒間の行為によって、行為を受けた者が負傷した場合には、行為を受けた者が苦痛を覚えたと考えられますので、いじめ防止対策推進法上のいじめとして対応することが必要となると考えられます。

　しかし、こうした案件は、いじめであると同時に学校における事故でもありますので、まずは**学校事故としての対応**が必要です。学校事故に関しては、2016年に文部科学省が「学校事故対応に関する指針」を公表していますので、この指針を踏まえた対応をとることが求められます。

　一般に学校においては**安全配慮義務**があると考えられており、学校事故に関しては未然防止のための取り組みを行うことや、事故発生後に適切に対応すること等が求められます。学校の管理下において事故が生じた場合には、事故発生直後の対応として応急処置や保護者への連絡等を行うことが必要です。日本スポーツ振興センターによる災害共済給付の対象となることが考えられますので、災害共済給付制度に関わる手続きを保護者にあらためて説明し、手続きを進めることも求められます。細かいことですが、災害共済給付制度を利用する場合、医療機関受診の際の費用をいったん自費で立て替える必要があるということを確認しておくこと等の配慮も必要です。

　「学校事故対応に関する指針」においては、死亡事故や治療に関する期間が30日以上の負傷や疾病を伴う場合等の重篤な事故については、学校設置者に**事故報告**を行って対応すべきことが定められています。このような重篤な事故が生じた場合には、教育委員会等の助言を受けながら対応を進める必要があります。

児童生徒同士のふざけ合いによって、一方が転倒し骨折した状況においては、まずは事故発生直後の対応をしっかり行い、当該児童生徒が適切に治療を受けられるようにすることが重要です。そして、負傷の程度に応じて、学校設置者への報告や経過観察等を行います。

　学校設置者への報告が必要となる重篤な事案の場合には、学校設置者の助言のもとで学校が**基本調査**を行います。そして、教育活動自体に事故の要因があると考えられる場合や被害児童生徒の保護者の要望がある場合等においては、学校設置者は**詳細調査**へと移行することを検討します。詳細調査は基本的に、学校設置者が外部専門家等による調査委員会を立ち上げて実施します。

　以上が、「学校事故対応に関する指針」に基づく学校事故としての対応の概要です。

● 重大事態か否かの判断における困難

　では、学校事故がいじめ防止対策推進法上のいじめとしての条件を満たしている場合には、学校事故としての対応といじめとしての対応との関係はどのようになるでしょうか。

　「学校事故対応に関する指針」では、他の指針との関係として、児童生徒の自殺に関しては、第一義的には「子供の自殺が起きたときの背景調査の指針」（文部科学省、2014年）、そしていじめが背景に疑われる場合には国のいじめ防止基本方針に従うことべきことを明記しています。しかしながら、**自殺以外の事故については、いじめ対応との関係についての記載はありません**。いじめ防止対策推進法上のいじめの定義が広く、児童生徒の行為によって他の児童生徒が負傷する事故が起きた場合には基本的にいじめの定義を満たすであろうことを考えれば、本来、こうした指針等において事故としての対応といじめとしての対応の関係について、一定の整理が必要であるはずです。しかし現状ではそうした整理がなされていませんから、学校や学校設置者は、事故としての対応といじ

めとしての対応の両方を同時並行で進めるしかないと解されます。

　すなわち、児童生徒間の行為による事故で児童生徒が負傷した場合には、事故でありかついじめでもある案件として、校内で共有し、それぞれの組織や担当者において連絡をとりながら、対処を進めることとなります。学校設置者に対しても、事故でありいじめでもあるものとして報告するべきでしょう。事故であれいじめであれ一定の事実確認は必要ですので、必要に応じて学校設置者の助言を得つつ、必要な事実確認は学校において迅速に行う必要があります。少なくとも、関係する教職員や児童生徒からは、事故前から気になっていたこと、事故発生時点前後の事実関係といったことについて数日中に聴き取りを行って情報を整理することが必要です。こうした確認は、いじめ対応としては事実確認ということになりますが、学校設置者の判断があれば学校事故としての基本調査と兼ねて行われてもよいものと考えられます。

　学校事故としては、この後、詳細調査へ移行するか否かが学校設置者によって判断されることとなります。いじめとしては、学校や学校設置者において、重大事態として対応するか否かが判断される必要があります。

　児童生徒の行為によって別の児童生徒が負傷したのであれば、その負傷がいじめ防止対策推進法上のいじめによるものであることは明らかです。文部科学省の「いじめ重大事態の調査に関するガイドライン」では、骨折や脳震盪については心身の重大な被害の例として挙げられており、生命心身財産重大事態に該当するものとして扱われています。しかしながら、同ガイドラインが「各教育委員会等で重大事態と扱った事例」としては「暴行を受け、骨折した」、「投げ飛ばされ脳震盪となった」、「殴られて歯が折れた」等の故意による行為で被害者が負傷した例ばかりが挙げられており、故意によるとは認められない例は見られません。事故が故意による行為によって生じた可能性があるのであれば、骨折等の被害が生じた際に生命心身財産重大事態として対応しなければならないこ

とは明らかです。しかし、**事故が故意によるものと考えられない場合**に、重大事態として扱うべきか否かについては検討の余地があるように思われます。

　このような問題が生じるのは、いじめ防止対策推進法のいじめの定義では故意によらない行為が排除されないのに対して、ガイドライン等においては暗黙のうちにいじめを故意によるものとして扱われやすいからだと考えられます。こうした問題も踏まえ、今後法改正が検討される際には、いじめの定義のあり方についても扱われる必要があるはずです。

● ふざけ合いのリスクを十分に踏まえて対応する

　児童生徒が負傷する事故が、児童生徒たちによるふざけ合いの中で起きた場合には、負傷させた行為が故意であるか否かについて、特に慎重に判断する必要があります。過去のさまざまな事例を見ても、ふざけ合い、じゃれ合い、プロレスごっこといった形態の関わり合いの中で、特定の児童生徒に対する継続的な攻撃がなされ、攻撃を受けた児童生徒が深刻な苦痛を与えられていた例が多く見られます。基本編第2章1で見たように、ふざけ合い、じゃれ合い、プロレスごっこ等は、いじめでありながら遊びという形式をとるダブルバインド型いじめである可能性があります。ふざけ合い、じゃれ合い、プロレスごっこにおいて被害が生じた場合には、仮に当事者である児童生徒たちが遊びであっていじめではないと主張したとしても、そうした主張を鵜呑みにするのは危険です。

　この意味で、事故がふざけ合いの中で起きた場合には、継続的にいじめが行われていた可能性を想定して対応することが必要です。ガイドライン等から明確に読み取ることはできませんが、ふざけ合いにおいて骨折等の重篤な負傷が生じた事故においては、被害者側がいじめとしての対応を強く否定するような状況でもなければ、重大事態として対処することとし、背景の事実等について丁寧に確認を行うことが必要だと考えるのが妥当であるように思われます。

Case 17 被害者が不登校となっているいじめ事案が重大事態となり、学校において調査を行うこととなりました。どのように、調査を進めればよいでしょう。

● あらかじめ重大事態となることを想定した対応を進めておく ──

　不登校重大事態の調査については、文部科学省が2016年に**「不登校重大事態に係る調査の指針」**を定めています。この中には、次のようにあります。

> 不登校重大事態の場合は、欠席の継続により重大事態に至ることを早期の段階で予測できる場合も多いと思われることから、重大事態に至るよりも相当前の段階から設置者に報告・相談するとともに、踏み込んだ準備作業（既に実施した定期的なアンケート調査の確認、いじめの事実確認のための関係児童生徒からの聴取の確認、指導記録の記載内容の確認など）を行う必要がある。

　ここに記されているように、不登校重大事態においては、**重大事態となってから調査の対応をするのでは遅く**、児童生徒がいじめ被害を訴えて数日間学校を欠席し、再度登校する見通しが持てない程度の段階で学校から学校設置者に報告を行い、学校設置者の助言を受けて不登校重大事態としての調査の準備を進めることが求められます。

　不登校重大事態においては、被害児童生徒の不登校の状況が継続していること自体が被害児童生徒にとって深刻な不利益だと考えられます。そうした不利益を最小限にするためにも、迅速に調査を行って事実確認を進め、被害児童生徒が安心して登校できるよう策を講じなければなりません。重大事態の調査への着手が遅れること自体が、学校のいじめ対応として問題だと言えます。

　なお、不登校重大事態は、いじめによると考えられる不登校がおおむ

ね30日間あった場合なので、基本的には重大事態となることがあらかじめ想定できますが、例外的にそうでない場合があります。それは、理由が不明なまま、あるいは別の理由を訴えて、児童生徒が30日以上の不登校を続けていた状況において、ある時点で初めていじめ被害による不登校であったという申し立てがなされる場合です。不登校が既に数ヶ月から1年以上継続している場合もありえます。こうした場合には、そもそも重大事態としての対応ができていない上に、重大事態となってもすぐに調査が始められないため、調査等の対応がかなり遅れることとなってしまいます。こうした対応の遅れを防ぐためには、児童生徒が不登校に至った場合に、仮に他の要因が考えられたとしても、いじめ被害がある可能性を想定して当該児童生徒への対応を行うことが求められます。

　教職員には、児童生徒の不登校の要因がいじめ等の学校関連のものでないことを望みたくなる心理が働くかもしれません。しかし、希望的観測から偏った判断をしてしまうことは、問題の深刻化につながりますので、希望的観測をしたくなるときほど冷静に判断するべきです。

● 初期の事実確認と重大事態としての調査との違い

　児童生徒が不登校となっている案件が重大事態となったら、学校設置者が調査主体を設置者と学校のどちらにするのかを決めることとなります。なお、「不登校重大事態に係る調査の指針」には次のように記されています。

　　不登校重大事態に係る調査は、主としていじめの解消と対象児童生徒の学校復帰の支援につなげることを目的とするものであり、校内の日常の様子や教職員・児童生徒の状況は学校において把握していることを踏まえると、調査に際して学校の果たす役割は大きい。そこで、学校が調査に当たることを原則とする。

このように、不登校重大事態では**原則として学校主体で調査を行う**こととなります。ただし、同方針でも記されているように、従前の経緯や事案の特性等によっては、調査主体を学校設置者とすることが考えられます。学校設置者による調査を行う場合としては、被害者側が学校に強い不信感を抱いている場合等が考えられます。以下では、学校が調査主体となる場合について考えます。

　重大事態として調査がなされるとしても、児童生徒が欠席していたのですから、基本的に学校は重大事態となる以前の段階で必要な事実確認等を行っているはずです。そうした初期の事実確認がなされているのに、あらためて学校主体で調査を行うということをどのように考えたらよいでしょうか。

　重大事態の調査としては、関係する児童生徒、保護者、教職員を対象とした聴き取りが中心になります。当然、こうした聴き取りは、初期の事実確認の中でなされているはずです。「不登校重大事態に係る調査の指針」においても、「不登校重大事態の場合は、重大事態に至った時点で調査の準備作業が相当進んでいることから、調査は、それらの準備作業を整理する作業が中心となることが想定される」とあり、あらためて聴き取りを行うのでなく、既になされた聴き取りの結果等を整理することが中心となります。当然ながら、**児童生徒等から同じような内容の聞き取りを複数回行うこと**は、児童生徒等に不要な負担をかけることになるとともに、複数回の聴き取りによって記憶が修正される可能性もあることから、極力避けなければなりません。

　重大事態の調査が学校における初期の事実確認と大きく異なる点は、**外部の専門家が調査に加わる**点です。いじめ防止対策推進法では学校が調査主体となる場合に外部の専門家を加えることは特に求められておらず、「不登校重大事態に係る調査の指針」でも外部の専門家を加えることは必須とされていません。しかしながら、その後2017年に定められた文部科学省の「いじめの重大事態の調査に関するガイドライン」では、

学校が主体となって調査を行う場合の調査組織は、学校のいじめ対策組織に第三者を加える場合か第三者委員会を立ち上げる場合かのいずれかに限定されており、調査組織に第三者を加えることが必須となっています。このガイドラインは、「不登校重大事態に係る調査の指針」が策定されて以降も学校設置者や学校において不適切な対応が見られる状況を踏まえ、いじめ防止対策推進法附則第2条第1項に基づいた措置の一環として設けられたものとされています。このため、学校が調査を行う場合の調査組織については、このガイドラインに基づき、必ず第三者である専門家を加えるべきものと解されます。ただし、第三者を加えるためには委嘱手続き等が必要となることを踏まえれば、ガイドラインのみで規定することには無理があり、法や国の基本方針でも明示的に対応する必要があると考えられます。

　重大事態としての学校を主体とした調査においては、どのような専門家に第三者として加わってもらい、どのような役割を担ってもらうかを決めることが重要と考えられます。学校による初期の事実確認ができているということを前提とするのであれば、被害児童生徒が安心して登校できる状態を回復するために何が重要かという観点をもって、第三者の参加のあり方を検討することが望ましいと考えられます。たとえば、被害児童生徒を支援しつつ過去の経緯等について聴き取りを行う必要があるのであれば、心理の専門家に聴き取りを担当してもらうことが考えられます。学校の対応について客観的に検証するのであれば、弁護士等の法律の専門家やいじめ問題に詳しい教育の専門家に加わってもらうことが考えられます。被害者あるいは加害者に精神疾患等の課題があることが考えられるのであれば、精神科医に加わってもらって、医師の立場から意見を出してもらうことも考えられます。

　なお、こうしたことも含め、調査の方針についてはあらかじめ被害者側に説明し、了承を得る必要があることに、注意が必要です。

生徒が自殺を企図し、他の生徒からも教員からも被害を
受けていたと訴え、教育委員会が設置した第三者委員会が
調査を行うこととなりました。学校としてはどのような対
応が必要でしょうか。

● 教員による「いじめ」という問題

　いじめ防止対策推進法では、いじめを児童生徒間の行為に限定してお
り、教職員の行為によって児童生徒が苦痛を受けても、**教職員の行為は
いじめとしては扱われません**。しかし、深刻な事案において、教職員が
児童生徒に苦痛を与えたと考えられる例は珍しくありません。たとえば、
以下のような場合があります。

(1)　他の児童生徒からのいじめ被害を教職員に訴えたのに、当該教職
　　員が適切に対応してくれなかった。
(2)　他の児童生徒からのいじめが教職員の前で行われていても、教職
　　員がいじめを止めてくれなかった。
(3)　他の児童生徒によるいじめに教職員が加担した（他の児童生徒が嫌
　　なあだ名で呼んでいたところ教員も同じあだ名で呼ぶようになった、他
　　の児童生徒が行っていた「葬式ごっこ」に教員も参加した等）。
(4)　教職員が主導して苦痛を与える行為を行い、他の児童生徒がこれ
　　に同調した。
(5)　教職員が単独で苦痛を与える行為を行った。

　これらはすべて不適切な指導であり、許されるものではありません。
被害の程度等によっては懲戒の対象ともなりえます。上記のうち、(1)
～(4)については、児童生徒によるいじめが生じていますので、いじ
め防止対策推進法に基づく事実確認や調査がなされる中で、教職員によ
る不適切な指導が問題となることが考えられます。他方、(5)の場合

には児童生徒によるいじめとは無関係ということになります。

　教員による不適切な指導は、法的には民法第709条が定める**不法行為**にあたるものと考えられます。

　（不法行為による損害賠償）

第709条　故意又は過失によって他人の権利又は法律上保護される利益を損害した者は、これによって生じた損害を賠償する責任を負う。

　教職員による不適切な指導は、故意あるいは過失によって児童生徒が学校で安全に教育を受ける権利を侵害したと考えられますので、賠償請求の対象となるものと言えます。

　教職員による体罰、わいせつ行為等、児童生徒へのハラスメント行為が問題になることが多いことを踏まえれば、教職員によるいじめ相当の行為についていじめ防止対策推進法と同等の対応がなされることが検討される必要があるように思われます。

● 調査への協力の姿勢が問われる

　重大事態の調査を学校設置者が主体となって行う場合の多くは、学校側のあり方が調査対象となる場合が多いと考えられます。あえて学校設置者が主体となって調査を行う必要があるのは、学校による調査では必要な調査ができないと考えられる場合であり、それはすなわち学校のいじめ対応等をも調査対象としなければならない場合であることが多いものと言えます。

　学校側すなわち教職員が調査対象となるということは、**調査組織と教職員との間で利害が一致しない可能性がある**ということです。調査組織としては重大事態の背景にある事実を解明したいのですが、教職員の側

では解明されたくない事実があるかもしれません。教職員の側では問題になるような対応はなかったと考えていたとしても、調査組織がどのように評価をするかはわからないので、自分たちが不利になることにつながりそうな事実は知られたくないと考える可能性はあります。さらに、特に調査されて困ることはないと考えていても、調査への協力に時間を使うのは避けたいと思うことはありえます。

　このように、学校設置者が主体となって重大事態の調査がなされるとなれば、教職員の側には調査に対する否定的な態度が出やすくなり、結果的に事実が隠蔽されたり歪められたりしてしまうかもしれません。

　こうしたことを踏まえれば、学校設置者による調査を受け入れるにあたり、学校においては被害を受けた児童生徒や他の児童生徒のために、調査にできる限り協力し、改めるべきところは改めると考えられるようにすることが重要だと言えます。そのためにも、重大事態として調査がなされることが決まった段階で、校長から関係の教職員に対して、調査の目的や方法について丁寧に説明し、できる限り協力するように求めることが必要です。

● 訴訟や懲戒の可能性をどう考えるか

　すでに述べたように、教職員による不適切な指導は民法第709条が定める不法行為にあたるものと考えられます。不法行為による損害は賠償請求の対象となります。ただし、国家賠償法第1条第1項は、公務員が職務における不法行為で他人に損害を与えた場合には、国または地方自治体が賠償責任を負うことを定めています。

　それでも、教職員個人が損害賠償請求訴訟の対象となる場合があります。国家賠償法第1条第2項では、公務員に「故意又は重大な過失があったとき」には、国あるいは地方公共団体のその公務員に対する求償権が認められています。国や地方公共団体がこの求償権を発動することはあまりないようですが、民法第709条の不法行為や第415条の債務不

履行の規定を使って教職員個人に対して損害賠償請求訴訟を起こす事例等が出てきています。こうしたことに対応する教職員向けの賠償責任保険も発売されているほどです。

　このように、国や地方公共団体としても個人としても、教職員の指導が不法行為等とみなされて賠償責任を問われる可能性があることから、重大事態の調査がなされるとなれば、教職員としては損害賠償請求のことがどうしても意識されてしまい、自らが不利になることを避けようとしてしまうかもしれません。また、訴訟がなされないとしても、児童生徒に苦痛を与える行為や暴言等は懲戒処分の対象となりえますので、懲戒処分となることを避けようとする心理も働く可能性があります。

　国のいじめ防止基本方針では、重大事態の調査は、「民事・刑事上の責任追及やその他の争訟等への対応を直接の目的とするものでない」としています。しかし、直接の目的でないとしても、調査によって明らかになったことについて、教職員が自らの責任を免れることにはならないはずです。このように考えると、対象となる教職員が賠償責任や懲戒処分を免れようとして調査に非協力的になることが懸念されます。

　自らの不適切な指導について隠蔽を行ったり、職務命令に違反したりする行為はそれ自体が懲戒の対象となるので、調査対象となっている教職員にあからさまに調査を拒否する等の非協力的な態度が見られるのであれば、その教職員には不利になります。こうしたこともあり、実際には教職員があからさまに非協力的な態度をとることはあまりないようです。

　教職員に重大事態としての調査への協力を依頼する際には、この調査が訴訟等を直接の目的とするものではないと断るのは当然として、状況によっては、仮に隠蔽等がなされるとそのこと自体が懲戒の対象になるのでありのままに知っていることを話すよう伝えることも必要かもしれません。

　学校で重大事態の調査報告書を作成して被害者の保護者に見てもらったのですが、「この内容では認められない」と言われてしまいました。被害者側の主張をそのまま書かなければいけないのでしょうか。

● **被害者側への説明等について何が求められているか** ―――――

　調査において被害者側からどのように話を聴き取り、被害者側にどのように説明するのかについて、法やガイドラインではいくつかのことが規定されています。

　まず、いじめ防止対策推進法では、第28条第2項において、学校の設置者あるいは学校は、重大事態の調査を行った場合には、被害者及びその保護者に対して、「当該調査に係る重大事態の事実関係その他の必要な情報を適切に提供するものとする」と定めています。

　次に、国のいじめ防止基本方針には、以下のことが記されています。

・被害児童生徒からの聴き取りが可能な場合には、この児童生徒から十分に聴き取る。
・被害児童生徒からの聴き取りが不可能な場合には、その保護者の要望・意見を十分に聴取し、迅速に今後の調査について協議し、調査に着手する。
・調査を行ったときには、調査により明らかになった事実関係（いじめ行為がいつ、誰から行われ、どのような態様であったか、学校がどのように対応したか）について、被害児童生徒やその保護者に対して説明する。この情報の提供にあたっては、適時・適切な方法で、経過報告があることが望ましい。いたずらに個人情報保護を盾に説明を怠るようなことがあってはならない。
・教育委員会等が調査結果を地方公共団体の長等に報告する際、被害者やその保護者が希望する場合には、被害者側の所見をまとめた文書の

提供を受け、調査結果の報告に添えて地方公共団体の長等に送付する。

そして、「いじめの重大事態の調査に関するガイドライン」には、以下のことが記されています（上記方針との重複部分は割愛します）。

・学校の設置者や学校は、調査中であることを理由に、被害児童生徒・保護者に対して説明を拒むようなことがあってはならず、調査の進捗等の経過報告を行う。
・事前に説明した方針に沿って、被害者及びその保護者に調査結果を説明する。

以上のように、①調査開始時に調査の方法等について説明する、②調査において被害者（被害者から聴き取りができない場合にはその保護者）からの聴き取りを行う、③進捗状況等の経過報告を行う、④調査結果の説明を行う、⑤報告時に被害者側の所見を添付できることを説明するといったことが、法やガイドライン等で被害者側からの聴き取りや被害者側への説明について求められています。

● **記載の不足か見解の相違か**

重大事態の調査報告書が提出された後に、被害者側から強い不満が出されることがあります。学校側の主張ばかりを反映している、被害者側から十分な聴き取りがなされていない、重大事態といじめの因果関係が一方的に否定されている等、被害者側から出される不満は多様です。

法やガイドラインで求められている聴き取りや説明が適切になされていない場合には、被害者側から強い不満が出ることは当然です。しかし、形式上は法やガイドラインで求められていることをすべて行っていても、被害者側から強い不満が出ることがあります。このことは、調査を実際に進める際に求められるはずのいくつかのことが、法やガイドラインで

は明示されていないことに起因すると考えられます。以下、具体的に示しましょう。

　第一に、法やガイドラインでは、**被害者の保護者からの聴き取り**について、被害者からの聴き取りが可能な場合には特段の定めがありません。被害者が十分に経緯や被害状況について説明できるとは限らないので、被害者からの聴き取りが可能である場合にも保護者からの聴き取りは必須とすべきです。

　第二に、被害者やその保護者からの聴き取りの内容を、**どのように調査報告書に反映させるか**が明示されていません。被害者側からは、話したことが調査報告書で無視されているという不満が出されることがあります。被害者側が申し立てたことを無視しない姿勢で調査報告書を作成しなければ、被害者側としては不満であろうと考えられます。

　第三に、被害者側からの聴き取りや被害者側への説明を、**必要に応じて複数回実施すべきこと**が、法やガイドラインでは明示されておらず、一部では、被害者側にだけ複数回の聴き取り等をしてしまうと中立でなくなってしまうという考え方もあるようです。しかし、「いじめの重大事態の調査に関するガイドライン」が基本的姿勢として、被害児童生徒・保護者の「いじめの事実関係を明らかにしたい、何があったのかを知りたいという切実な思いを理解し、対応に当たること」を挙げているように、被害者側の知りたいという思いに適切に応えることが求められています。調査において被害者側が知りたいと考えることが十分に明らかにされているかどうかを確認するのは当然であり、被害者側の合意が得られるのであれば何回でも調査状況を説明し、その説明に対する見解を聴き取ることを行うべきです。こうしたことをせず、被害者側からの聴き取りが不十分であれば、被害者側が強い不満を抱くのは当然です。

　なお、地方公共団体等への報告に際して、報告の内容について被害者側からの確認、了承が得られることは重要です。しかし、被害者側が一切の協力を拒む場合もあり、そうした場合に報告、了承を待っていると、

地方公共団体の長等への報告がいつまで経ってもなされないこととなってしまいます。このような場合には、報告の際に事情説明を付すようにすべきでしょう。

● 判然としないことがらをどう扱うか

　上の第二の点に関連して、被害者側から申し立てがあったにもかかわらず、裏付けが取れなかったり調査組織としては異なる見解に至ったりした場合、調査報告書の書き方によっては、被害者側が自分たちの申し立てが適切に扱われなかったとして強い不満を抱く可能性があります。しかし、調査組織において、聴き取りやアンケートの結果をもとに専門家が意見を交わして出された結論は正確に記される必要があります。

　こうした場合、**被害者側からの申し立てを踏まえて書いたことが伝わるように調査報告書を書く**必要があります。たとえば、以下のような書き方が考えられます。

・事実の裏付けが取れない場合に、「被害者側からこのような申し立てがあったが、この点について教職員や他の児童生徒からの聴き取りやアンケートによって裏付けが取れておらず、事実かどうかは判然としない」と書く。「仮にこうした事実があったのであれば、被害者が大きな苦痛を与えられたものと推察される」と加えることもありうる。
・いじめが不登校の要因となった可能性があるものの確証が得られていないのであれば、「いじめが不登校の要因となったとは言えない」とせず、「確証は得られなかったが、いじめが不登校の要因となった可能性は認められる」とする。

Case20 いじめの被害に遭っていた生徒が転校することとなりました。保護者から、全校集会において校長からいじめ被害のことをきちんと話してほしいと言われています。どう対応したらよいでしょうか。

● 転校の場合の重大事態としての扱い

　いじめを受けた被害者が転校するに至る場合があります。被害者が転校した場合については、文部科学省の「いじめの重大事態の調査に関するガイドライン」に次のように記されています。

　高等学校や私立の小中学校等におけるいじめの事案で被害児童生徒が学校を退学した場合又はいじめの事案で被害児童生徒が転校した場合は、退学・転校に至るほど精神的に苦痛を受けていたということであるため、生命心身財産重大事態に該当することが十分に考えられ、適切に対応を行う必要がある。この点、児童生徒が欠席していないことから、不登校重大事態の定義には該当しないため詳細な調査を行わないなどといった対応がとられることのないよう、教育委員会をはじめとする学校の設置者及び都道府県私立学校担当部局は指導を行うこと。

　ここでは、高校や私立小中学校に限定して述べられていますが、いじめによって苦痛を与えられたことが理由で転校を余儀なくされる場合には、転校しなければならないほどの苦痛を受けていたので重大事態に該当することが十分に考えられるものとされています。たしかに、高校や私立小中学校からの転校については、基本的に児童生徒は自ら志望して入った学校を辞めることになりますし、高校の場合には受け入れ先で転入試験を受ける等の負担が発生する場合が多いということもあるので、そうした負担にもかかわらず転校するということからいじめによる苦痛が大きいことが推察されます。

また、ガイドラインには明記がありませんが、公立の小中学校にあっても、いじめを受けた児童生徒が転校する事例はあります。公立の小中学校では基本的に住居のある学区の学校に通わなければならないこととなっているので、保護者の判断で学区外に転居して児童生徒が転校する場合があります。他方、同じ住所のままでもいじめを理由とした転校を教育委員会が認めることも広く行われつつあります。こうした場合にも、転校の負担はあるはずですので、いじめによる苦痛が大きいものと解されます。

　以上のように、**いじめを理由とした転校の場合には、基本的に重大事態として扱うべきである**と考える必要があります。

● 被害者が転校せずに済むよう対応するのが前提

　では、児童生徒や保護者から、いじめを受けたことを理由に転校したいという申し出があった場合、学校はどのように対応すべきでしょうか。すでにいじめが認知されて対応が進んでいる場合と、この時点で学校が初めていじめを認知した場合とに分けて考えましょう。

　まず、すでにいじめが認知され、対応が進んでいる場合についてです。この場合、学校のいじめ対応に被害者側が不満を抱き、絶望して転校を考えるに至ったと考えられます。こうした場合には転校するという結論を急がず、あらためて学校の対応についての不満や学校生活を続ける上での不安等について聴き取りを行い、学校として改善を図れる点があれば改善することを提案することが必要と考えられます。1ヶ月後等の期限を定め、その期限まで学校で取り組みを進め、あらためて転校するかどうかの判断をしてもらうということにする方法もあります。この段階で、転校を考えるほど苦痛が大きいと考え、重大事態として対応することとし、教育委員会等からの助言を得たり外部の専門家も含めた調査を行ったりすることによって事態の打開を図るということも考えられます。

　次に、この時点で学校が初めていじめを認知した場合についてです。

この場合、転校するかどうかという判断の前に、学校として事実確認、被害者への支援、加害者への指導等の対応をとることが考えられるべきです。学校として苦痛に気付いてあげられなかったことについて謝罪した上で、転校という結論を急がずに、事実確認等の対応を進めることについて了解を得られるよう努力することが求められます。

　転校の申し出があった場合、このように**転校せずに問題を解決できるよう対応する**ことが必要です。それでも被害者側としては転校したいと強く申し出るかもしれませんが、少なくともその場で決めることはせず、学校からの対応の提案をした上で、数日後などに機会をあらためて本当に転校の手続きを進めるかどうか決めるというように、慎重に対応するべきでしょう。

● 転校が決まった後の対応

　学校の説得にもかかわらず被害者側が転校を決めた場合には、転校に伴う具体的な対応を決める必要があります。

　こうした説得にもかかわらず転校せざるをえないとすれば、それだけ苦痛が大きく重大事態とすべきだと考えられます。転校後も重大事態として調査が必要であることについて説明し、調査方法等について相談しなければなりません。転校して心機一転スタートしたいので調査はしないでほしいという要望が出される場合には、そうした要望を尊重するべきでしょうが、法で定められている重大事態としての調査が不要ということにはならないので、教育委員会等と相談して、被害者側からの新たな聴き取りを行わない等、被害者側の要望と矛盾しない範囲で重大事態としての調査を行い、第三者が入る形で学校としての対応の検証をしたり、再発防止策を進めたりすることが求められます。

　重大事態としての調査をどのように行うかということも含め、**他の児童生徒や保護者に対して、転校についてどのように説明するか**については、被害者側と時間をかけて相談する必要があります。この際、加害者

と考えられる児童生徒やその保護者への対応と、他の児童生徒や保護者への対応とを分けて考えるとよいでしょう。

　加害者と考えられる児童生徒やその保護者に、いじめ被害による転校を報告した場合、加害者たちが転校をよく思わず、校内で悪い噂を流したり、転校先の学校を突き止めて当該学校の児童生徒に悪い噂を流したり、自宅に押しかけたりして、新たな被害が生じるリスクが考えられます。転校の時点で加害者たちに対する指導が十分に行われていればこうしたリスクは低いと考えられますが、指導が十分に行われていない状況であればこうしたリスクは高いと考えられます。

　また、児童生徒や保護者に広くいじめ被害による転校を報告した場合には、事情の詮索が行われる等して、新たな被害を受ける可能性があります。

　他の児童生徒や保護者に転校について説明するにあたっては、こうしたリスクを踏まえ、被害者側の意向を尊重しつつ、総合的に判断することが必要です。

　この際、**個人情報保護**の点から、個人が特定できるような説明は基本的にできません。加害者やその保護者に対しては、被害者側の希望があれば、被害者や加害者が特定できる形での説明を行うことも可能だと考えられます。しかし、不特定多数の児童生徒や保護者に対しては、加害者が特定される形で説明を行うことは、加害者側の同意なしにはできないと考えるべきです。こうした制約を踏まえて、被害者側の意向を尊重して説明のあり方を検討することが求められます。

　なお、転校の場合に限らず、いじめ重大事態において、他の児童生徒や保護者にどのように説明するのかについては、同様に被害者側の意向を尊重しつつ、個人情報保護等に配慮して決定することが必要です。特に、被害者が亡くなっている場合には、遺族が動揺していることが考えられることから、文部科学省「教師が知っておきたい子どもの自殺予防」等を参考に、慎重に対応することが必要です。

おわりに
～いじめ防止対策推進法の改正等も視野に入れて～

❖ ◆ ❖

　本書では、学校におけるいじめ対応の実務について、できる
だけ具体的に論じてきました。全国の学校で本書の内容を参考
にしていただき、いじめ防止対策推進法等に則った適切な対応
をとり、いじめ被害で苦しむ子どもを減らすようにしていただ
けることを願っています。

　ただし、本書の中でもいくつか取り上げたように、現行のい
じめ防止対策推進法等の規定では、いじめ対応が難しい部分が
あることも事実です。いじめ防止対策推進法については以前よ
り改正に関する議論が出ていますが、適切な対応をしなかった
学校や教員への罰則導入等が主な論点となっていて、本書で論
じてきたような点についてはあまり論じられていません。

　本書の結びにあたり、いじめ防止対策推進法の改正等に向け
て検討が必要な点を整理しておきたいと思います。以下、特に
記載のない場合、条文はすべていじめ防止対策推進法のものを
指します。

● いじめの定義について（第2条関連）

　いじめ防止対策推進法における「いじめ」の定義が広すぎる
ことについては、基本編第1章2で述べたように深刻な問題で
す。少なくとも、1回限りの善意の行為や過失による行為が結
果的に他の児童生徒に苦痛を与えてしまったような場合につい
てまで、「いじめ」とすることには無理があります。同法第4
条で「児童等は、いじめを行ってはならない」と「いじめ」は

禁止されているのですが、善意の行為や過失による行為等までをも禁止の対象とするのは無理があります。

　基本編第1章5で述べたようないじめの正確な認知に関わる問題が起きているのも、「いじめ」の定義が広すぎることと関係があります。また、実践編Case16で述べたように、自殺以外の学校事故について、事故としての扱いといじめとしての扱いの関係が不明という問題もあります。

　「いじめ」の定義（第2条第1項）については、私は次のように修正することを著書『道徳教育は「いじめ」をなくせるのか』（NHK出版、2018年）で提案しています（下線が変更部）。

　　この法律において「いじめ」とは、児童等に対して、当該児童等が在籍する学校に在籍している等当該児童等と一定の人的関係にある他の児童等が行う心理的又は物理的な影響を与える行為（インターネットを通じて行われるものを含む。また、複数の行為の組み合わせを含む。）であって、当該行為の対象となった児童等が容易に解消しえない心身の苦痛を感じているものをいう。ただし、教員の指示に従ってなされた行為を除く。

　まず、授業中に教員の指示に従った結果、ある児童生徒の行為が事故を生じさせて児童生徒が苦痛を覚えた場合については、教員に責任があるものとして「いじめ」から除外しています。これによって、教員の指示による行為によって生じた学校事故は「いじめ」とはなりません。次に、与えた苦痛が容易に解消できるものである場合には「いじめ」から除外しています。これによって、善意の行為や過失によって軽微な苦痛を与えた場合については、行為を受けた児童生徒の様子を確認した上で、

苦痛が容易に解消できたと判断された場合に「いじめ」とはなりません。ただし、1回ごとの行為による苦痛が容易に解消できたとしても、そうした行為がしつこく続けられることによって、行為を受けた者が苦痛を感じ続ける場合は「いじめ」とすべきですので、「複数の行為の組み合わせ」を「いじめ」に含むことを明記しています。このように変更することで、明らかに「いじめ」としての対応が適さない行為が除外される一方で、現行の法の趣旨を尊重して児童生徒間の行為で行為を受けた者が苦痛を感じた場合についてできるだけ広く「いじめ」として対応することを維持しています。

　なお、上記のように「いじめ」の定義を変更することと並行して、文部科学省の「学校事故対応に関する指針」についても、自殺の場合に限らず、児童生徒間の行為に起因する学校事故に関しては、いじめ防止対策推進法等を踏まえ、「いじめ」に該当する可能性があるものとして対応すべきことを加えることが検討されるべきだと考えます。

● いじめの認知及び報告について（第23条関連）

　基本編第1章2で論じたように、いじめの認知において重要なことは、法律上「いじめ」に該当する行為のみを認知しようとすることでなく、児童生徒が苦痛を感じている可能性を積極的に捉えることです。教職員が見ることができるのは、法律上の「いじめ」でなく、児童生徒が苦痛を感じている様子だからです。

　基本編第2章3や実践編Case18で述べたように、教職員の行為は「いじめ」に該当しないのですが、教職員の行為が児童生徒間のいじめに関係している場合が多いことを考えると、教職員の「いじめ」に相当する行為をどのように扱うかという問

題も残ります。これについても、児童生徒の行為であれ教職員の行為であれ、そうした行為によって児童生徒が苦痛を感じているのであれば、「いじめ」かどうかにかかわらず、苦痛を感じている可能性が捉えられる必要があります。

　別の問題ですが、基本編第1章1で述べたように、学校がいじめを認知した場合に学校設置者に報告することが義務付けられているのですが、いつ報告するかの規定がないという点に関しても検討が必要です。

　こうしたことを踏まえると、第23条第2項を次のように修正することが検討される必要があると考えられます（下線が変更部）。

　　学校は、前項の規定による通報を受けたときその他当該学校に在籍する児童等がいじめを受けている<u>苦痛を感じている</u>と思われるときは、速やかに、当該児童等に係るいじめの事実の有無の確認を行うための措置を講ずるとともに、<u>いじめの事実が無いことが確認された場合を除き</u>、その結果を<u>5日以内に</u>当該学校の設置者に報告するものとする。

「いじめを受けていると思われるとき」としてしまうと、児童生徒が苦痛を感じている状況を積極的に把握することが十分にできないと考えられるため、「いじめ」の可能性がないと考えられる場合でも、児童生徒が苦痛を感じている場合には事実確認をすべきこととします。このようにすることで、「いじめ」の早期発見が確実なものとなることが期待されます。また、二次的な効果として、体調不良、児童虐待、教職員からの行為による苦痛等、児童生徒間の行為によらない苦痛についても把握が進み、適切な対応が促されるようになるものと考えられます。

なお、教職員からの行為が児童生徒に苦痛を与える問題については、「いじめ」としてでなくハラスメントとして別途扱うことが適切であると考えられますが、いじめ対応として児童生徒の苦痛を積極的に把握することによって教職員によるハラスメントの早期発見や防止にもつながるものと思われます。

● **加害者を教室から退去させる措置について（第26条関連）**

　実践編Case15で述べたように、いじめの被害者を守るために加害者を教室から一時的に退去させる措置について、現在は十分な規定がなく、加害者でなく被害者が教室に入れない状況が生じやすくなっています。

　これについては、「出席停止制度の適切な運用等」を定めた第26条を大幅に変え、次のようにすることが検討されるべきだと考えます。

　　（いじめを行った児童等を教室から退去させる措置）
　　校長は、いじめを受けた児童等その他の児童等が安心して教育を受けられるようにするために、いじめを行った児童等に対し、教室からの退去を命ずることができる。この際、緊急の場合を除き、事前に当該児童等及びその保護者に対して必要な説明を行い、また、退去がなされている期間中は学校内の別室あるいは自宅等において当該児童等が出席できなかった授業等に代わる指導を行うこととする。

● **重大事態の調査のあり方について（第28条〜第31条関連）**

　重大事態の調査のあり方については、次のような問題が見られます。

　第一に、実践編Case17で述べたように、学校主体の調査に

必ず外部の専門家を加えるべきことが、いじめ防止対策推進法では明記されていないのに「いじめ重大事態の調査に関するガイドライン」では求められています。

　第二に、基本編第4章2や実践編Case19で述べたように、重大事態の調査において、被害者側との間でどのように聴き取りや確認を行うかが曖昧です。

　第三に、学校の設置者が地方自治体の長等に何をどのように報告するのかが曖昧です。

　こうしたことを踏まえ、以下のように規定を修正することが必要と考えます。

　まず、重大事態の調査について定めた第28条第1項に、「調査に当たる組織には必ず外部の専門家が含まれなければならない。」という文を入れます。

　次に、第28条第2項を次のようにします。

　　学校の設置者又はその設置する学校は、前項の規定による調査を行ったときは、当該調査に係るいじめを受けた児童等及びその保護者に対し調査の方法等をあらかじめ説明するとともに事実関係等に関して当該児童等及び保護者の申し立てを丁寧に聞き取ることとし、当該調査に係る重大事態の事実関係等その他の必要な情報を適切に提供するとともに、調査結果について理解を得るよう努めるものとする。

　そして、公立学校に関して記された第30条第1項を次のようにします（国立学校に関しては第29条を、私立学校に関しては第31条を同様に修正します）。

　　地方公共団体が設置する学校は、第28条第1項各号に掲

げる場合には、当該地方公共団体の教育委員会を通じて、重大事態が発生した旨の調査結果及びそれを受けた対応方針を、当該地方公共団体の長に報告しなければならない。

● 教育委員会が法令に従わない場合の対応について

基本編第3章4で述べたように、教育委員会が法令に従わない場合があり、被害を深刻なものとしてしまっています。文部科学省や都道府県教育委員会の権限が弱く、教育委員会の法令違反の対応を是正することができないのが現状です。

「文部科学大臣又は都道府県の教育委員会の指導、助言及び援助」を定めた第33条において、地方自治法第245条の4第1項が定める「技術的な助言及び勧告並びに資料の提出の要求」ができることが定められていますが、これだけでは弱いので、地方自治法第245条の5第1項が定める「是正の要求」や同法第245条の6第1項が定める「是正の勧告」、さらには同法第245条の7第1項が定める「是正の指示」といったより強い対応が可能になるよう、これらの規定による対応が可能であることを明記する必要があると考えます。

● 著者紹介

藤川　大祐（ふじかわ・だいすけ）

千葉大学教育学部教授（教育方法学、授業実践開発）。

　1965年東京生まれ。東京大学大学院教育学研究科博士課程単位取得満期退学。金城学院大学助教授、千葉大学准教授等を経て、2010年より現職。千葉大学教育学部附属中学校長及び千葉大学教育学部副学部長を併任。

　メディアリテラシー教育、数学教育、キャリア教育、道徳教育等、教科・領域を超えた新しい授業実践や教材の開発に取り組むとともに、いじめ・学級経営についても研究。千葉市教育委員、内閣府「子供・若者育成支援推進のための有識者会議」構成員、NPO法人企業教育研究会理事長、NPO法人全国教室ディベート連盟理事長等を務める。

　主な著書：『教師が知らない「子どものスマホ・SNS」新常識』（教育開発研究所）、『道徳授業の迷宮〜ゲーミフィケーションで脱出せよ〜』『授業づくりエンタテインメント！』（学事出版）、『道徳教育は「いじめ」をなくせるのか』（NHK出版）、『スマホ時代の親たちへ』（大空出版）、『教科書を飛び出した数学』（丸善出版）、『いじめで子どもが壊れる前に』（角川書店）。

法令だけではわからない 子どもを守る実務ノウハウ

令和3年6月30日　第1刷発行

著　者　藤川　大祐
発　行　株式会社 ぎょうせい

〒136-8575　東京都江東区新木場1-18-11
URL：https://gyosei.jp

フリーコール　0120-953-431

ぎょうせい　お問い合わせ　検索　https://gyosei.jp/inquiry/

〈検印省略〉
印刷　ぎょうせいデジタル株式会社　　　　　　　©2021 Printed in Japan
※乱丁・落丁本はお取り替えいたします。
ISBN978-4-324-11024-9
(5108732-00-000)
〔略号：いじめ対応学校〕